JANG: KOREA TOOTMISE HING

Jangi olemuse uurimine Korea köögis 100
kunstilise retsepti kaudu

Piret Mihhailova

SISUKORD

4

SISSEJUHATUS

Korea köök on maitsete, aroomide ja traditsioonide gobelään, millest igaüks on põimitud rikkalikuks kulinaarseks pärandiks, mis on köitnud toiduhuvilisi üle kogu maailma. Selle gastronoomilise teekonna keskmes on võtmeelement, mis määratleb Korea toiduvalmistamise hinge – Jang. Filmis "JANG: KOREA TOOTMISE HING" alustame selle olulise koostisosa uurimist, avastades selle nüansid, tähtsuse ja kunstilise tantsu, mida see esitab lugematute retseptide järgi.

Jang, termin, mis hõlmab erinevaid kääritatud kastmeid ja pastasid, on sajandeid olnud Korea kulinaarse käsitöö nurgakivi. Selle muutlikud jõud mitte ainult ei tõsta roogade maitset, vaid ühendavad ka põlvkondi, säilitades ajastutruud tehnikad. Sellesse kulinaarsesse odüsseiasse süvenedes puutume kokku Korea kokkade artistlikkusega, kes kasutavad Jangi oskuslikult, et luua roogasid, mis kõlavad nii traditsioonide kui ka uuendustega.

Korea köögi kunstilist külge tutvustatakse 100 hoolikalt kureeritud retsepti kaudu, millest igaüks annab tunnistust Jangi mitmekülgsusest. Need retseptid hõlmavad erinevaid kulinaarseid võimalusi, alates traditsioonilisest klassikast, mis on ajaproovile vastu pidanud, kuni kaasaegse loominguni, mis nihutab maitsepiire. Nende kunstiliste retseptide objektiivi kaudu kutsutakse lugejaid tunnistama traditsioonide ja uuenduste abielu, mida kõike seob Jangi ühendav kohalolu.

"Jang: Korea toiduvalmistamise hing" on midagi enamat kui retseptide kogum; see on kulinaarne sümfoonia, mis tähistab maitsete abielu, traditsioonide rütmi ja uuenduste harmooniat. Kui navigeerime Korea köögi elavas seinavaibal, ärkavad leheküljed ellu Jangi vaimu kehastavate roogade visuaalse ja gastronoomilise võluga. See avastus on ood käsitöölistele, kes on Jangi pärandit säilitanud ja edasi arendanud, andes oma teadmisi põlvest põlve edasi. Tänu nende pühendumusele kutsutakse meid nautima Korea köögi olemust – maitsete tantsu, mis ületab aja ja piirid.

DOENJANG (fermenteeritud SOJA)

1.Doenjang Köögiviljahautis/ Doenjang-Jjigae

KOOSTISOSAD:

- 600 ml (2 tassi) vett
- 12 cm (4½ tolli) ruudukujuline dasima merevetikas (kombu)
- 1 porgand
- 1 sibul
- ½ suvikõrvitsat (suvikõrvits)
- ½ porrulauk (valge osa)
- 150 g (5½ untsi) mangadaki seeni (shimeji) või nööbikeseeni
- ½ rohelist tšillit
- 100 g (3½ untsi) doenjang fermenteeritud sojaoapasta
- 250 g (9 untsi) tahket tofut
- 1 tl gochugaru tšillipulber (valikuline)

JUHISED:

a) Kuumuta vesi kastrulis kõrgel kuumusel. Puhastage dasima vetikatükk voolava vee all ja lisage see kastrulisse.

b) Lõika porgand 1 cm (½ tolli) paksusteks neljandikku. Haki sibul jämedalt. Kui vesi keeb, lisa porgand ja sibul.

c) Lõika suvikõrvits 1,5 cm (⅝ tolli) paksusteks neljandikuteks ja lisa need puljongile niipea, kui keemine jätkub. Küpseta 10 minutit. Vahepeal lõika porru 1 cm (½ tolli) paksusteks diagonaalseteks viiludeks ja tofu

d) 2 cm (¾ tolli) paksused kuubikud. Eemalda mangadak- seene varred ja pese need (nööbiseente puhul lõika neljaks). Lõika tšilli 1 cm (½ tolli) paksusteks viiludeks ja peske hästi jooksva vee all, eemaldades samal ajal seemned.

e) 10 minuti pärast lisa doenjang , porrulauk, seened, tofu ja tšilli . Kui keetmine jätkub, keedetakse 5 minutit. Lõpetage maitsestamine, lisades oma maitsele rohkem doenjangi . Vürtsikama versiooni jaoks lisa gochugaru tšilli pulber.

2.Grillitud sealiha Maekjeok / Maekjeok

KOOSTISOSAD:

- 3 rohelist porrulehte
- 700 g (1 nael 9 untsi) sea aba (kondiga)
- 80 g (2¾ untsi) doenjang fermenteeritud sojaoapasta
- 2 spl matganjang kastet
- 3 supilusikatäit konserveeritud sidrunit
- 1 tl jahvatatud ingverit
- 2 spl valget alkoholi (soju või džinn)
- 1 spl seesamiõli

JUHISED:

a) Lõika porru lehed 7 cm (2¾ tolli) tükkideks. Lõika sea abatükk 2 cm (¾ tolli) paksusteks viiludeks. Lõika igale viilule noaga mõlemalt poolt skoor, moodustades ruudustiku. Olge ettevaatlik, et mitte viiludest läbi lõigata. Sega lihaviilud ja porrutükid doenjang , mat ganjang , konserveeritud sidruni, ingveri, alkoholi ja seesamiõliga.

b) Kuumuta ahi 180°C-ni (350°F). Aseta sealihaviilud ilma kattumiseta grillrestile, mille all on praepann. Aseta porrutükid soovi korral liha ümber koos mõne viilu konserveeritud sidruniga. Küpseta 30 minutit.

c) Pärast ahjust väljavõtmist visake porrutükid ära. Lõika liha kääride abil väikesteks tükkideks. Soovi korral võite seda süüa nagu ssambapi .

3.Veisekapsasupp/ Sogogi Baechu Doenjang-Guk

KOOSTISOSAD:

- ½ hiina kapsast
- 300 g (10½ untsi) paksu veiseliha praad
- 4 küüslauguküünt
- 1 spl seesamiõli
- 2 spl matganjang kastet
- 1 liiter (4 tassi) vett
- 70 g (2½ untsi) doenjang fermenteeritud sojaoapasta

JUHISED:

a) Lõika poolik hiina kapsas kaheks veerandiks. Eemaldage alus. Lõika iga veerand umbes 2 cm (¾ tolli) laiusteks tükkideks. Pese ja nõruta. Patsutage veiseliha paberrätikuga, et imada liigne veri. Lõika veiseliha hammustuse suurusteks tükkideks. Purusta küüslauk.

b) Kuumuta seesamiõli potis kõrgel kuumusel. Lisa liha, küüslauk ja matt ganjang . Prae, kuni veiseliha väliskülg on küps. Vala vesi ja lase keema tõusta. Lisa kapsas ja doenjang . Lase veel 15 minutit keskmisel kuumusel podiseda.

4.Bossam Kimchi ja pošeeritud sealiha / Bossam

KOOSTISOSAD:
POŠERITUD SEALIHA
- 600 g (1 nael 5 untsi) maitsestamata sealiha
- 70 g (2½ untsi) doenjang fermenteeritud sojaoapastat
- 4 küüslauguküünt
- 20 suurt musta pipra tera
- ½ sibulat
- 4 rohelist lehte ½ porrulaugust
- 250 ml (1 tass) valget alkoholi (soju või džinn)

BOSSAM KIMCHI
- 400 g (14 untsi) valget redist (daikon)
- 6 spl suhkrut
- 1 spl meresoola
- ½ pirni
- 3 küüslaugu murulauku (või 2 talisibula/sibula vart, ilma sibulata)
- 3 küüslauguküünt
- 20 g (¾ untsi) gochujang tšillipastat
- 3 supilusikatäit gochugaru tšillipulber _
- 3 spl fermenteeritud anšoovisakastet
- 2 spl ingverisiirupit
- Hiina kapsa pool
- ¼Hiina kapsas soolvees, nõrutatud

JUHISED:
a) Aja 1,5 liitrit (6 tassi) vett potis keema. Lõika sealiha pikuti kaheks tükiks ja kasta keevasse vette. Lisa doenjang , küüslauk, pipraterad, sibul, porrulehed ja alkohol. Hauta 10 minutit kõrgel kuumusel kaane all, seejärel 30 minutit keskmisel kuumusel, osaliselt kaetuna, seejärel 10 minutit tasasel tulel.

b) Sealiha küpsemise ajal lõigake valge redis 5 mm (¼ tolli) tikkudeks. Marineerige 5 spl suhkru ja meresoolaga 30 minutit, segades iga kord

c) 10 minutit. Loputa kergelt külma vee all, seejärel nõruta ja pigista kätega, kuni vedelikku enam välja ei tule.

d) Lõika pirn 5 mm (¼ tolli) tikutopsi ja lõika murulauk 3 cm (1¼ tolli) tükkideks. Purusta küüslauk. Sega kausis redis, pirn, murulauk, küüslauk, gochujang, gochugaru , fermenteeritud anšoovisakaste, 1 spl suhkrut ja ingverisiirup.

e) Nõruta sealiha ja viiluta õhukeseks. Serveeri koos bossam kimchiga. Pärast kolme esimese välimise lehe eemaldamist asetage kapsas küljele soolvees.

f) Söömiseks keera liha ja bossam kimchi tugevasti kapsalehe sisse.

5.Ssamjang kaste

KOOSTISOSAD:

- 40 g (1½ untsi) gochujang tšillipastat
- 30 g (1 unts) doenjang fermenteeritud sojapasta
- 1 tl suhkrut
- 1 spl seesamiõli
- ½ supilusikatäit seesamiseemneid
- 2 purustatud küüslauguküünt

JUHISED:

a) Sega kõik koostisained omavahel.
b) Suletud anumas säilib kaste külmkapis 2 nädalat.

6.Kimchi makrell / Godeungeo Kimchi- Jorim

KOOSTISOSAD:

- 500 g (1 nael 2 untsi) makrelli ½ sibulat
- 10 cm (4 tolli) porrulauk (valge osa)
- 30 g (1 unts) vürtsikat marinaadi
- 25 g (1 unts) doenjang fermenteeritud sojaoapasta
- 2 supilusikatäit mat ganjang kastet
- 1 spl ingverisiirupit
- 50 ml (nõrk ¼ tassi) valget alkoholi (soju või džinn)
- 400 g (14 untsi) hiina kapsa kimchi
- 300 ml (1¼ tassi) vett

JUHISED:

a) Rookige makrell; lõika ära pea, uimed ja saba.

b) Lõika iga makrell kolmeks osaks. Lõika sibul 1 cm (½ tolli) laiusteks viiludeks. Lõika porru diagonaalselt 1 cm (½ tolli) paksusteks osadeks.

c) Valmista kaste, segades kokku vürtsikas marinaad, doenjang , matt ganjang , ingverisiirup ja alkohol.

d) Asetage kimchi ilma seda lõikamata kastruli põhja (ideaaljuhul terve ¼ kapsast). Lisa makrellitükid kimchi peale. Vala vesi, seejärel kaste, jälgides, et kala oleks korralikult kaetud. Lisa sibul. Kuumuta kõrgel kuumusel, osaliselt kaanega, keemiseni, seejärel keeda keskmisel või madalal kuumusel 30 minutit. Lisa porru ja sega koostisosad õrnalt ainult üks kord. Hauta veel 10 minutit.

7.Kammkarbisupp/ Sigeumchi Doenjang-Guk

KOOSTISOSAD:
- 250 g (9 untsi) värsket spinatit
- 200 g (7 untsi) väikseid kammkarpe
- 1,5 liitrit (6 tassi) vett, eelistatavalt 3. valge riisi pesust
- 130 g (4½ untsi) doenjang fermenteeritud sojaoapasta
- 4 spl matganjang kastet
- soola

JUHISED:
a) Pese värske spinat põhjalikult ja nõruta. Loputage kammkarbid ja nõrutage.
b) Lase vesi keema. Lisa doenjangi kääritatud sojaoapasta.
c) Kui doenjang on hästi lahustunud , lisage kammkarbid.
d) Niipea kui keetmine jätkub, keetke 5 minutit, seejärel lisage spinat. Lase spinatil umbes 3 minutit taheneda. Lisa matt ganjang . Kontrolli maitsestust ja lisa vajadusel soola.

8.Doenjang Jjigae (sojaoapasta hautis)

KOOSTISOSAD:
- 1 spl seesamiõli
- 1 sibul, viilutatud
- 2 küüslauguküünt, hakitud
- 1 suvikõrvits, viilutatud
- 1 kartul, kooritud ja kuubikuteks lõigatud
- 1 tass tofut, kuubikuteks
- 3 supilusikatäit doenjang
- 6 tassi vett või köögiviljapuljongit
- Roheline sibul, hakitud (kaunistuseks)

JUHISED:
a) Kuumuta potis seesamiõli ning prae küüslauk ja sibul lõhnavaks.
b) Lisa suvikõrvits, kartul ja tofu. Sega paar minutit.
c) Lahusta doenjang vees või puljongis ja lisa potti.
d) Kuumuta keemiseni, seejärel hauta, kuni köögiviljad on pehmed.
e) Enne serveerimist kaunista hakitud rohelise sibulaga.

9.Doenjang Bulgogi (sojaoapastaga marineeritud veiseliha)

KOOSTISOSAD:

- 1 nael õhukeselt viilutatud veiseliha
- 3 supilusikatäit doenjang
- 2 spl sojakastet
- 2 spl suhkrut
- 1 spl seesamiõli
- 2 küüslauguküünt, hakitud
- 1 spl riivitud ingverit
- Must pipar, maitse järgi
- Seesamiseemned (kaunistuseks)

JUHISED:

a) Sega kausis doenjang , sojakaste, suhkur, seesamiõli, küüslauk, ingver ja must pipar.

b) Marineeri veiseliha segus vähemalt 30 minutit.

c) Kuumuta pann ja prae segades marineeritud veiseliha küpseks.

d) Enne serveerimist kaunista seesamiseemnetega.

10.Vegan Doenjang Jjigae (Korea oapasta hautis)

KOOSTISOSAD:
- 15 g (½ untsi) kuivatatud shiitake seeni (2-4, olenevalt suurusest)
- 1 vegan yuksu või dashi kott
- 15 ml (1 spl) seesamiõli
- 50 g (1¾oz) sibulat
- 1 suur küüslauguküüs, kooritud
- 125 g (4½ untsi) keskmise tihke kohupiima
- ½ Korea suvikõrvitsat, umbes 150 g (5 ⅓ untsi)
- 50 g (1¾oz) shimeji seeni
- 50 g (1¾oz) enoki seeni
- 1 punane või roheline banaanitšilli
- ½ tl või maitse järgi gochugaru (Korea tšillihelbed)
- 50 g (1¾oz) doenjang (kääritatud sojaoa pasta)
- 1 muna (valikuline, taimetoitlastele)
- 1 kevadsibul

SERVEERIMA
- aurutatud Korea või Jaapani riis
- banchan (Korea lisandid) teie valikul

JUHISED:
a) Loputage kuivatatud shiitake seened jahedas vees, seejärel pange need kaussi ja lisage 300 ml (1¼ tassi) sooja vett. Lase umbes kaks tundi toatemperatuuril leotada, kuni see on pehme. Pigista seentest vesi välja, jäta leotusvedelik alles. Eemaldage ja asetage seenevarred kõrvale, seejärel lõigake kübarad õhukesteks viiludeks.

b) Valage leotusvedelik väikesesse kastrulisse, lisage reserveeritud seenevarred, seejärel laske keskmisel leegil keema tõusta. Lülitage kuumus välja, lisage yuksu või dashi kott ja laske teiste koostisosade valmistamise ajal tõmmata.

c) Haki sibul ja viiluta küüslauk. Lõika kohupiim hammustuste suurusteks kuubikuteks. Lõika Korea suvikõrvits pikuti neljandikku, seejärel viiluta see õhukesteks viiludeks. Lõigake ära ja visake ära enoki seente varte puitunud alumine osa . Murdke enoki ja shimeji seened väikesteks tükkideks. Lõika banaanitšilli diagonaalis umbes 3 mm paksusteks tükkideks.

d) Kuumuta keskmisel-madalal leegil umbes 750 ml (3 tassi) mahutav pott (eelistatavalt Korea kivipott) ja lisa seesamiõli . Lisa sibul ja küüslauk ning küpseta sageli segades, kuni sibul hakkab pehmenema. Puista potti tšillihelbed ja sega pidevalt umbes 30 sekundit .

e) leotusvedelikust seente varred ja yuksu /dashi kott ning vala 250 ml (1 tass) seda potti, seejärel lisa doenjang . Kuumuta sageli segades keemiseni , veendudes, et doenjang on lahustunud. Lisa viilutatud shiitake seenekübarad, kohupiim ja suvikõrvits ning hauta, kuni kõrvits hakkab pehmenema. Sega hulka shimeji seened ja banaanitšilli ning hauta umbes kaks minutit. Lisa enoki seened ja hauta, kuni need hakkavad pehmenema.

f) Kui kasutad, purusta muna väikeseks vormiks. Liigutage potis olevad koostisosad külgedele, et tekiks sügav kraater, ja libistage muna sisse, veendudes, et munakollane ei puruneks . Hauta paar minutit, kuni muna on pehmelt hangunud.

g) Haki talisibul ja puista hautisele. Serveeri kohe koos aurutatud riisi ja banchaniga.

11.Doenjang Bibimbap (riisiga segatud köögiviljad)

KOOSTISOSAD:
- Keedetud riis
- 2 supilusikatäit doenjang
- 1 spl seesamiõli
- 1 porgand, julieneeritud
- 1 suvikõrvits, julieneeritud
- 1 tass oa idud, blanšeeritud
- 1 tass spinatit, blanšeeritud
- Praemuna (üks portsjoni kohta)
- Seesamiseemned (kaunistuseks)

JUHISED:
a) Sega doenjang seesamiõliga ja sega keedetud riisi hulka.
b) Aseta riisi peale julieneeritud köögiviljad ja oad.
c) Enne serveerimist raputa peale praemuna ja puista peale seesamiseemneid.
d) Enne söömist sega kõik kokku.

12.Doenjang Chigae Bokkeum (segatud sojaoapasta köögiviljad)

KOOSTISOSAD:
- 2 supilusikatäit doenjang
- 1 spl gochujang (Korea punase pipra pasta)
- 1 spl sojakastet
- 1 spl suhkrut
- 1 spl seesamiõli
- Erinevad köögiviljad (seened, paprika, porgandid jne)
- 2 küüslauguküünt, hakitud
- 1 spl taimeõli

JUHISED:
a) Sega kausis doenjang , gochujang, sojakaste, suhkur ja seesamiõli.
b) Kuumutage pannil taimeõli ja praege küüslauk lõhnavaks.
c) Lisa köögiviljasortiment ja prae segades kergelt pehmeks.
d) Valage doenjangi segu köögiviljadele ja segage, kuni see on hästi kaetud .
e) Küpseta, kuni köögiviljad on täielikult küpsed. Serveeri kuumalt.

13.Doenjang Gui (grillitud sojaoapasta mereannid)

KOOSTISOSAD:
- Erinevad mereannid (krevetid, kalmaar, rannakarbid)
- 3 supilusikatäit doenjang
- 2 supilusikatäit mirini
- 1 spl mett
- 1 spl seesamiõli
- 2 küüslauguküünt, hakitud
- Roheline sibul, hakitud (kaunistuseks)

JUHISED:
a) Sega kausis doenjang , mirin, mesi, seesamiõli ja hakitud küüslauk.
b) Marineerige mereande segus 15-20 minutit.
c) Grilli marineeritud mereande kuni valmimiseni.
d) Enne serveerimist kaunista hakitud rohelise sibulaga.

14. Doenjang Rameni supp

KOOSTISOSAD:
- 2 supilusikatäit doenjang
- 4 tassi köögivilja- või kanapuljongit
- 2 pakki rameni nuudleid
- 1 tass viilutatud seeni
- 1 tass baby bok choy'd, tükeldatud
- 1 porgand, õhukeselt viilutatud
- 1 spl seesamiõli

JUHISED:
a) Potis lahusta puljongis doenjang ja lase keema tõusta.
b) Keeda rameni nuudlid vastavalt pakendi juhistele.
c) Lisage puljongile seened, bok choy ja porgandid. Hauta, kuni köögiviljad on pehmed.
d) Sega juurde seesamiõli ja serveeri keedetud rameni nuudlitega.

15.Doenjang Tofu salat

KOOSTISOSAD:
- 1 plokk kõva tofu, kuubikuteks
- 3 supilusikatäit doenjang
- 2 spl riisiäädikat
- 1 spl sojakastet
- 1 spl seesamiõli
- Segatud salatiroheline
- Kirsstomatid, poolitatud
- Kurk, viilutatud

JUHISED:
a) Vahusta doenjang , riisiäädikas, sojakaste ja seesamiõli.
b) Viska kastmesse kuubikuteks lõigatud tofu ja lase 15 minutit marineerida.
c) Laota taldrikule salatirohelised, kirsstomatid ja kurk.
d) Kata marineeritud tofuga ja soovi korral nirista peale lisakastet.

16.Doenjangi pannkoogid (Bindaetteok)

KOOSTISOSAD:
- 1 tass leotatud ja jahvatatud mungobe
- 2 supilusikatäit doenjang
- 1/2 tassi hakitud kimchi
- 1/4 tassi hakitud rohelist sibulat
- 2 spl taimeõli

JUHISED:
a) Sega kausis jahvatatud mungoad, doenjang , kimchi ja roheline sibul.
b) Kuumuta pannil õli. Tõsta segu lusikaga pannile, et moodustada väikesed pannkoogid.
c) Küpseta mõlemalt poolt kuldpruuniks.
d) Serveeri koos sojakastmest, riisiäädikast ja seesamiõlist valmistatud dipikastmega.

GOCHUJANG (FERMENTERITUD PUNANE TŠILIPAST)

17.Gochujang Külmad nuudlid

KOOSTISOSAD:

- 2 küüslauguküünt, purustatud
- 3 supilusikatäit gochujang, kuum vürtsikas pasta
- 1 pöidlasuurune tükk värsket ingverit, kooritud ja riivitud
- ¼ tassi riisiveini äädikat
- 1 tl seesamiõli
- 4 redist õhukesteks viiludeks
- 2 spl sojakastet
- 4 muna, pehmeks pošeeritud
- 1 ½ tassi tatranuudleid, keedetud, nõrutatud ja värskendatud
- 1 telegraafikurk, viilutatud suurteks tükkideks
- 2 teelusikatäit, 1 igast mustast ja valgest seesamiseemnest
- 1 tass kimchi

JUHISED:

a) Lisa kaussi kuum kaste, küüslauk, sojakaste, ingver, veiniäädikas ja seesamiõli ning sega kokku .

b) Asetage nuudlid sisse ja segage hästi, veendudes, et need oleksid kastmega kaetud .

c) Asetage serveerimiskaussidesse, lisage nüüd redis, kimchi, muna ja kurk.

d) Lõpeta seemnete tolmuga.

18.Praetud Tteokbokki Koos Tšillipasta / Tteokbokki

KOOSTISOSAD:

- 4 muna
- 2 kevadsibula (sibula) vart (ilma sibulateta)
- 200 g (7 untsi) kalapastat
- 500 ml (2 tassi) vett
- 1 köögiviljapuljongikuubik
- 4 spl suhkrut
- 300 g (10½ untsi) tteokbokki tteok
- 40 g (1½ untsi) gochujang tšillipastat
- 1 spl gochugaru tšilli pulber
- 1 spl sojakastet
- ½ supilusikatäit küüslaugupulbrit

JUHISED:

a) Keeda munad kõvaks . Lõika kevadised sibulad 5 cm (2 tolli) tükkideks, seejärel pikuti pooleks. Lõika kalapasta diagonaalselt 1,2 cm (½ tolli) paksusteks osadeks.

b) Valage vesi praepannile. Lisa puljongikuubik ja suhkur. Kuumuta keemiseni, seejärel alanda kuumus kohe keskmisele ja kalla tteokbokki sisse tteok . Hauta 5 minutit, segades, et need ei jääks panni põhja ega üksteise külge kinni, vajadusel eraldage need. Lisa gochujang, gochugaru , sojakaste, küüslaugupulber ja kalapasta.

c) Küpseta 10 minutit, regulaarselt segades, enne kui lisad kooritud kõvaks keedetud munad ja sibula. Küpsetamine toimub siis, kui tteokbokki tteokid on pehmed ja kaste on poole võrra vähenenud ja katab koostisosad hästi.

19.Tteoki vardas magushapu kastmega/ Tteok - Kkochi

KOOSTISOSAD:

- 36 tteokbokki tteok
- 3 supilusikatäit ketšupit
- 2 spl suhkrut
- 1 tl küüslaugupulbrit
- 3 spl sojakastet
- ½ supilusikatäit gochugaru tšilli pulber
- 15 g (½ untsi) gochujang tšillipastat
- 50 ml (vähe ¼ tassi) vett
- 2 spl maisisiirupit Neutraalne taimeõli

JUHISED:

a) Aja kastrul vett keema. Kastke tteokbokki tteoksta 3 minutit keevas vees, seejärel kurna. Kui need on veidi jahtunud, keerake need kuue puidust vardasse (kuus tteoki varda kohta). Kui tteokbokki tteok äsja tehtud , jätke see esimene samm vahele ja valmistage vardad ette, laskmata neil 30 minutit kuivada.

b) Segage kastrulis ketšup, suhkur, küüslaugupulber, sojakaste, gochugaru , gochujang ja 50 ml (nõrk ¼ tassi) vesi. Kuumuta keemiseni ja alanda kuumus madalaks. Hauta 5 minutit, õrnalt segades. Tõsta tulelt ja sega järk-järgult sisse maisisiirup.

c) Valage taimeõli praepannile kuni poole tteokbokki kõrguseni tteok . Kuumuta ja küpseta igat varrast mõlemalt poolt 3 minutit.

d) Aseta vardad alusele ja pintselda kondiitripintsli abil kumbagi külge ohtralt kastmega. Nautige.

20.Korea praekana / Dakgangjeong

KOOSTISOSAD:
- 700 g (1 nael 9 untsi) kanarinda, nahk peal
- 150 ml (rohke ½ tassi) piima
- 2 tl soola
- 1 tl mahedat paprikat
- 1 tl mahe kollase karri pulbrit
- 2 tl küüslaugupulbrit
- 600 g (1 nael 5 untsi) Korea fritteritainast
- 1 liiter (4 tassi) neutraalset taimeõli
- 3 purustatud mandlit (või maapähklit)

YANGNYEOM KASTE
- ¼ õun ½ sibul
- 3 küüslauguküünt
- 100 ml (vähe ½ tassi) vett
- 5 supilusikatäit ketšupit
- 20 g (¾ untsi) gochujang tšillipastat
- 1 spl gochugaru tšilli pulber
- 4 spl sojakastet
- 2 spl suhkrut
- 5 supilusikatäit maisisiirupit
- 1 hea näputäis pipart

JUHISED:
a) Lõika kana rinnad umbes hammustuse suurusteks tükkideks (A). Vala piim kanatükkidele (B). Katke ja laske 20 minutit puhata.

b) Nõruta kana kurni kasutades. Aseta kanatükid soola, paprika, karri ja küüslaugupulbriga kaussi. Masseerige vürtsid kana sisse. Sega frittertaignaga.

c) Kuumutage õli temperatuurini 170 °C (340 °F). Temperatuuri kontrollimiseks lase tilk taigna õli sisse kukkuda: kui see kohe pinnale tõuseb, on temperatuur õige. Veenduge, et iga kanatükk oleks korralikult taignaga kaetud ja tilgutage need õlisse (C). Kanatükid ei tohiks õlis üksteise külge kinni jääda. Prae umbes 5 minutit. Võtke kana välja ja laske restil 5 minutit nõrguda. Prae uuesti 3 minutit ja lase 5 minutit nõrguda .

d) Yangnyeom -kastme jaoks püreesta õun, sibul ja küüslauk väikeses köögikombainis. Sega kokku vee, ketšupi, gochujangi, gochugaru , sojakastme, suhkru, maisisiirupi ja pipraga. Kuumuta segu pannil või praepannil kõrgel kuumusel. Kui kaste keeb, vähendage kuumust vahetult enne keetmist. Segage väga õrnalt üks või kaks korda. Hauta segades 7 minutit. Lisa praekana ja kuumuta keskmisel kuumusel. Määri kana ettevaatlikult kastmega (D), seejärel hauta 2 minutit. Serveeri puistatuna purustatud mandlite või maapähklitega (EF).

e) LISA Soovi korral võite seda kana serveerida mõne kuubikuteks lõigatud valge redise hapukurgiga ja kaunistada mõne konserveeritud sidruniviiluga , mis on soovi korral ahjus röstitud.

21.Kalmaarirullid Cruditésiga / Ojingeo -Mari

KOOSTISOSAD:
- 4 kalmaari toru
- ½ punast paprikat (paprikat)
- ½ kollast paprikat (paprikat)
- porgand
- 10 cm (4 tolli) tükk kurki
- 20 viilu valge redise hapukurki ringidena

Vürtsikas KASTE
- 25 g (1 unts) gochujang tšillipastat
- 1 supilusikatäis õuna või õunasiidri äädikat
- 1 spl suhkrut
- 1 spl konserveeritud sidrunit
- ½ supilusikatäit sojakastet
- 1 tl seesamiõli
- 1 näputäis seesamiseemneid

MITTEVürtsikas KASTE
- 1 spl sojakastet
- ½ supilusikatäit suhkrut
- 2 supilusikatäit õuna või õunasiidri äädikat
- ½ tl sinepit
- 2 murulauku, hakitud

JUHISED:

a) Vajadusel eemaldage kalmaari toru nahad ja keskne läbipaistev nokk, seejärel peske ja nõrutage. Avage torud pooleks. Lõika kalmaari välispinnale terava noaga ilma augustamiseta väga tihe ruudustik.

b) Kuumuta potti soolaga maitsestatud vesi keema. Kastke kalmaari torud vette. Keeda 5 minutit, seejärel kurna. Jäta jahtuma.

c) Lõika paprikad ja porgand 5 mm (¼ tolli) tikutopsideks. Eemaldage noaga kurgi keskosa koos seemnetega; kasutatakse ainult välimist osa . Lõika tikutopsideks.

d) Igasse kalmaari torusse asetage 5 viilu valge redise hapukurki, mõned porgandid, kurk ja paprika. Sulgege kokkurullimisega. Torgake rull hambaorkidega iga 2 cm (¾ tolli) järel. Lõika iga hambaorki vahelt väikesteks rullideks.

e) Sega omavahel valitud kastme koostisosad (vürtsikas või mittevürtsikas) ja naudi kalmaarirulle kastmesse kastes.

22.Vürtsikas valge redise salat/Mu- Saengchae

KOOSTISOSAD:

- 450 g (1 nael) valget redist (daikon)
- ½ spl soola 3 spl suhkrut
- 1 kevadsibula (sibula) vars (ilma sibulata)
- 3 küüslauguküünt
- 15 g (½ untsi) gochugaru tšillipulber _
- 4 supilusikatäit õuna või õunasiidri äädikat
- 1 spl fermenteeritud anšoovisakastet
- 1 tl seesamiseemneid
- ½ tl jahvatatud ingverit
- soola

JUHISED:

a) Lõika valge redis tikutopsideks. Sega redis soola ja suhkruga, seista 10 minutit, seejärel kurna mahl. Lõika kevadine sibul 5 mm (¼ tolli) tükkideks ja purusta küüslauk.

b) Pärast 10-minutilist seismist segage kõik köögiviljad kausis, mis sisaldab nõrutatud valget redist. Lisa gochugaru , äädikas, anšoovisakaste, seesamiseemned ja jahvatatud ingver. Sega korralikult läbi ja lase seista minimaalselt 30 minutit, et redis võtaks maitseaine maitsed üle.

c) Serveeri jahutatult, maitsestades vajadusel veidi soola.

23.Püreestatud tofu/Kimchi hautis

KOOSTISOSAD:

- 300 g (10½ untsi) kondita sea abatükk
- 280 g (10 untsi) hiina kapsa kimchi
- 2 küüslauguküünt
- ½ supilusikatäit suhkrut
- ½ supilusikatäit seesamiõli
- 700 g (1 nael 9 untsi) tahket tofut
- 2 supilusikatäit neutraalset taimeõli
- 1 tl gochugaru tšillipulber (valikuline)
- 400 ml (1½ tassi) vett
- 10 cm (4 tolli) porrulauk (valge osa)
- 2 spl fermenteeritud anšooviskaastet
- soola

JUHISED:

a) Lõika sea abatükk 1 cm (½ tolli) kuubikuteks. Aseta kimchi kaussi ja lõika see kääridega väikesteks tükkideks.

b) Purusta küüslauk ja lisa koos suhkru ja seesamiõliga kimchile. Lisa sealiha ja sega kätega korralikult läbi.

c) Purustage tofu kartulimassiga, veendudes, et sellest ei jääks suuri tükke.

d) Kuumutage kastrulis taimeõli. Kui kuum, lisa sealiha ja kimchi segu. Prae 8 minutit, lisades gochugaru tšillipulbrit vürtsikama variandi jaoks.

e) Lisa vesi. Kuumuta keemiseni ja keeda 10 minutit. Vahepeal lõika porru õhukesteks ribadeks. Lisa kastrulisse purustatud tofu koos kääritatud anšooviskastmega. Küpseta 5 minutit. Kontrolli maitsestust ja vajadusel lisa soolaga. Lisa porru ja küpseta 5 minutit. Serveeri kuumalt.

24.Kodune Bibimbap / Bibimbap

KOOSTISOSAD:

- 1 spl neutraalne
- taimeõli
- 1 muna
- 1 kauss keedetud valget riisi, kuum
- 1 peotäis praetud valget redist
- 1 peotäis seesami spinatit
- 1 peotäis vürtsikat valge redise salatit
- 1 peotäis seesami
- oavõrsed
- 1 peotäis praetud seeni
- 1 peotäis praetud suvikõrvitsat
- Seesami- või seesamiseemned Kaste
- 20 g (¾ untsi) gochujang tšillipastat
- 1 spl seesamiõli

JUHISED:

a) Määri 9 cm (3½ tolli) läbimõõduga pann taimeõliga. Kuumuta õli keskmisel kuumusel. Murra muna pannile. Liigutage lusikaga ettevaatlikult munakollast nii, et see jääks keskele. Hoidke munakollast niimoodi, kuni see hangub. Alanda kuumust madalaks ja prae, kuni munavalge on küps.

b) Kallutage kauss kuuma riisiga serveerimiskausi põhja. Aseta muna riisikupli peale, munakollane ilusti keskele. Aseta muna ümber praetud valge redis, seesami spinat, vürtsikas valge redise salat, seesamioa idud, praetud seened ja praetud suvikõrvits. Sama värvi koostisosad ei tohiks üksteist kokku puutuda. Puista peale paar piiniapähklit või seesamiseemneid.

c) Sega omavahel kastme ained ja nirista otse serveerimisnõusse. Vähem vürtsika variandi jaoks asenda gochujang sojakastmega.

d) Bibimbapi söömiseks sega lusikaga kõik koostisosad, tükeldades muna tükkideks. koostisosad ja kaste peavad olema ühtlaselt jaotunud.

25.Külmad Kimchi nuudlid/ Bibim-Guksu

KOOSTISOSAD:
- 1 muna
- 120 g (4¼ untsi) hiina kapsa kimchi
- 1 tl suhkrut
- 1 tl seesamiõli
- 5 cm (2 tolli) kurk
- 200 g (7 untsi) somyeoni nuudleid (somen)

KASTE
- 60 g (2¼ untsi) gochujang tšillipastat
- 5 supilusikatäit õuna või õunasiidri äädikat
- 3 supilusikatäit suhkrut
- 3 spl sojakastet
- 2 tl küüslaugupulbrit
- 2 tl seesamiõli
- 2 tl seesamiseemneid
- 1 näputäis pipart

JUHISED:
a) Kastke muna kastrulisse külma veega ja laske keema tõusta. Keeda 9 minutit, seejärel värskenda muna külma vee all ja koori. Peske kimchi ja pigistage see mahla eemaldamiseks käte vahel, seejärel lõigake see väikesteks tükkideks. Sega see hästi suhkru ja seesamiõliga. Lõika kurk tikutopsideks.

b) Sega kõik kastme koostisosad omavahel.

c) Aja soolaga maitsestatud vesi kastrulis keema ja nirista sisse somyeoni nuudlid. Kui vesi hakkab uuesti keema, lisage 200 ml (rohke ¾ tassi) külma vett. Korrake seda protsessi teist korda.

d) Kolmandal keemisel kurnata nuudlid. Laske need külma vee all, pühkige neid käega, et eemaldada võimalikult palju tärklist.

e) Aseta nuudlid serveerimiskausside keskele. Vala osa kastmest igasse kaussi, seejärel laota peale kimchi ja kurk. Aseta iga kausi keskele pool kõvaks keedetud muna. Sega kõik koostisosad söömise ajal kokku.

26.Sealiha Bulgogi / Dwaeji-Bulgogi

KOOSTISOSAD:
- 700 g (1 nael 9 untsi) sea abatükki
- 2 spl ingverisiirupit
- 1 spl suhkrut
- 1 porgand
- suvikõrvits (suvikõrvits)
- 1 sibul
- 10 cm (4 tolli) porrulauk (valge osa)
- 60 g (2¼ untsi) vürtsikat marinaadi
- 20 g (¾ untsi) gochujang tšillipastat
- 6 spl sojakastet
- 1 spl fermenteeritud anšoovisakastet
- 2 spl valget alkoholi (soju või džinn)

JUHISED:
a) Viiluta sealiha õhukeselt. Marineeri sealihaviile ingverisiirupis ja suhkrus 20 minutit.
b) Lõika porgand kolmeks osaks, siis iga osa pikuti pooleks ja viimasena pikuti ribadeks. Lõika suvikõrvits kaheks osaks, siis iga osa pikuti pooleks ja viimasena pikuti ribadeks. Lõika sibul pooleks ja seejärel 1 cm (½ tolli) laiusteks viiludeks. Lõika porru diagonaalselt 1 cm (½ tolli) tükkideks.
c) Sega liha vürtsika marinaadi, gochujangi, sojakastme, fermenteeritud anšooviskastme ja alkoholiga. Kuumuta praepann. Kui see on kuum, lisa liha ja prae segades kõrgel kuumusel 20 minutit.
d) Lisa köögiviljad. Prae segades 10 minutit. Kui köögiviljad on veidi pehmenenud, serveeri kuumalt. Soovi korral võite seda süüa ka nagu ssambapi .

CHEONGGUKJANG
(KIIRREFERMENTEERITUD SOJA)

27.Cheonggukjang hautis (Cheonggukjang Jjigae)

KOOSTISOSAD:

- 1 tass cheonggukjang
- 1/2 tassi tofut, kuubikuteks
- 1/2 tassi suvikõrvitsat, viilutatud
- 1/2 tassi seeni, viilutatud
- 1/4 tassi sibulat, õhukeselt viilutatud
- 2 küüslauguküünt, hakitud
- 1 roheline sibul, hakitud
- 1 spl sojakastet
- 1 tl seesamiõli
- 4 tassi vett

JUHISED:

a) Aja potis vesi keema.
b) Lisa cheonggukjang ja alanda kuumust, et keeda.
c) Lisa tofu, suvikõrvits, seened, sibul ja küüslauk.
d) Küpseta, kuni köögiviljad on pehmed.
e) Maitsesta sojakastme ja seesamiõliga.
f) Kaunista hakitud rohelise sibulaga.

28.Cheonggukjang Bibimbap

KOOSTISOSAD:
- 2 tassi keedetud riisi
- 1 tass cheonggukjang
- 1 tass spinatit, blanšeeritud
- 1 tass oa idud, blanšeeritud
- 1 porgand, julieneeritud ja praetud
- 1 suvikõrvits, julieneeritud ja praetud
- 2 praetud muna
- Seesamiõli, niristamiseks
- Sojakaste, serveerimiseks

JUHISED:
a) Aseta riis kaussi.
b) Aseta peale cheonggukjang , spinat, oad, porgand ja suvikõrvits.
c) Kõige peale pane praemuna.
d) Nirista peale seesamiõli ja serveeri sojakastmega.

29. Cheonggukjangi pannkoogid (Cheonggukjang Buchimgae)

KOOSTISOSAD:
- 1 tass cheonggukjang
- 1/2 tassi universaalset jahu
- 1/4 tassi vett
- 1/2 sibulat, õhukeselt viilutatud
- 1/2 porgandit, julieneeritud
- Taimeõli praadimiseks
- Soja dipikaste

JUHISED:
a) Sega kausis taigna valmistamiseks cheonggukjang , jahu ja vesi.
b) Lisa taignale viilutatud sibul ja julieneeritud porgand.
c) Kuumuta pannil õli keskmisel kuumusel.
d) Tõsta pannkookide tegemiseks lusikaga tainas pannile.
e) Prae mõlemalt poolt kuldpruuniks.
f) Serveeri soja dipikastmega.

30.Cheonggukjangi nuudlid (Cheonggukjang Bibim Guksu)

KOOSTISOSAD:

- 200g tatranuudleid, keedetud ja jahutatud
- 1 tass cheonggukjang
- 1 spl gochujang (Korea punase pipra pasta)
- 1 spl seesamiõli
- 1 kurk, julieneeritud
- 1 redis, julieneeritud
- Kaunistuseks seesamiseemned

JUHISED:

a) Sega kausis cheonggukjang , gochujang ja seesamiõli.
b) Lisa kastmele keedetud ja jahutatud tatranuudlid.
c) Sega nuudlid kurgi ja redisega.
d) Enne serveerimist kaunista seesamiseemnetega.

31.Cheonggukjang ja Kimchi praetud riis

KOOSTISOSAD:
- 2 tassi keedetud riisi
- 1 tass cheonggukjang
- 1 tass kimchit, tükeldatud
- 1/2 tassi sealiha kõhtu või tofut, tükeldatud
- 1/4 tassi rohelist sibulat, hakitud
- 2 küüslauguküünt, hakitud
- 2 spl sojakastet
- 1 spl seesamiõli
- 1 praetud muna (valikuline)

JUHISED:
a) Kuumuta pannil õli ja prae sealiha või tofu küpseks.
b) Lisa hakitud küüslauk, cheonggukjang ja kimchi. Sega põhjalikult.
c) Lisa keedetud riis ja prae segades, kuni see on läbi kuumutatud.
d) Maitsesta sojakastme ja seesamiõliga.
e) Laota peale hakitud roheline sibul ja soovi korral praemuna.

32.Cheonggukjang ja köögiviljade segamine

KOOSTISOSAD:
- 1 tass cheonggukjang
- 2 tassi segatud köögivilju (paprika, spargelkapsas, porgand jne)
- 1/2 tassi tahket tofut, kuubikuteks
- 2 spl sojakastet
- 1 spl seesamiõli
- 1 spl taimeõli
- Kaunistuseks seesamiseemned

JUHISED:
a) Kuumuta vokkpannil või pannil taimeõli.
b) Lisa tofu ja prae segades kuldseks.
c) Lisa segatud köögiviljad ja küpseta kergelt pehmeks.
d) Segage cheonggukjang , sojakaste ja seesamiõli.
e) Küpseta, kuni see on hästi segunenud ja läbi kuumutatud.
f) Enne serveerimist kaunista seesamiseemnetega.

SSAMJANG (DIPIKASTE)

33.Veiseliha Bulgogi Ssambap (Bulgogi Ssambap)

KOOSTISOSAD:

- 700 g (1 naela 9 untsi) peamist veiseliha ribi, väga õhukesteks viiludeks

GRILLIMANAAD

- 1 spl seesamiõli
- ½ sibulat
- 3 püogo seent (shiitake) või nööpeseent
- ½ porgandit
- 10 cm (4 tolli) porrulauk (valge osa)

SSAMBAP TÄITMINE

- ½ cos salatit Keedetud valge riis, kuum
- Ssamjang kaste
- 1 endiivia
- Valge redise hapukurk

JUHISED:

a) Lõika õhukesteks viiludeks lõigatud veiseliha hammustuste suurusteks ribadeks. Vala lihale grillmarinaad ja seesamiõli ning sega, et liha oleks hästi kaetud. Lase vähemalt 12 tundi külmkapis puhata.

b) Lõika sibul ja seened ribadeks, porgand tikutopsideks ja porruvalge 5 mm (¼ tolli) viiludeks diagonaalselt.

c) Kuumuta praepann. Kui see on kuum, asetage liha ja marinaad pannile ja ajage kogu pind laiali. Lisa köögiviljad. Segage regulaarselt umbes 10 minutit, kuni liha on täielikult küpsenud.

d) Pese cos-lehed ja täitke hammustuse suuruse riisi ja vähese ssamjangi kastmega. Peske endiivia lehed ja täitke viilu valge redise hapukurgi, hammustava koguse riisi ja veidi ssamjangi kastet. Sööge lihaga täidetud lehti.

e) Liha säilib toorelt oma marinaadis külmkapis kuni 2 päeva.

34.Korea grillsealiha (Samgyeopsal)

KOOSTISOSAD:
- 1 kg (2 naela 4 untsi) maitsestamata sealiha kõhutükki, viilutatud
- 8 nööbi seeni
- 2 saesongyi seeni (kuningas austri seened)
- 1 sibul
- 300 g (10½ untsi) hiina kapsa kimchi
- Ssamjang kaste
- Meresool ja pipar

PRAETUD RIIS
- 2 tassi keedetud valget riisi
- 1 munakollane
- 200 g (7 untsi) hiina kapsa kimchi
- Väike merevetikad (nori)
- 1 spl seesamiõli

JUHISED:
a) Kuumuta malmist chargrill-pann, praepann või lauagrill. Kui see on kuum, asetage sealiha viilud kuumale pannile või grillile.

b) Puista peale meresoola ja pipart. 3–5 minuti pärast, kui veri tõuseb liha nähtavale küljele, keerake ümber. Esimene pool peaks olema pruunistatud . Lisa ettevalmistatud köögiviljad (vt allpool) liha ümber. Küpseta 3 kuni 5 minutit; kui veri tõuseb pinnale, keera uuesti. 3 minuti pärast lõigake liha kääridega. Seejärel saab iga külaline ennast teenindada .

KÖÖGIVILJAD
c) Nööbiseened: eemalda vars. Aseta seenetops tagurpidi grillile. Kui tass täitub mahlaga, lisa veidi soola. Nautige. Saesongyi seened: lõika ülevalt alla 5 mm (¼ tolli) viiludeks. Küpseta mõlemalt poolt kuldpruuniks. Söö ssamjang kastmega.

d) Sibul: lõika 1 cm (½ tolli) paksusteks ringideks. Küpseta mõlemalt poolt kuldpruuniks. Pakkige a ssam või lihtsalt kasta ssamjang kastmesse.

e) Hiina kapsa kimchi: Süüakse toorelt , aga saab ka grillil küpsetada.

PRAETUD RIIS

f) Grillimise lõpupoole, kui grillile on jäänud vaid mõned koostisosad , võid eine lõpetada praeriisi valmistamisega.

g) Selleks lisa praetud riisi koostisained ja sega need juba grillil olevatega.

h) Soovi korral võid lisada ka porrusalatit ja praadida koos riisiga.

35.Ssamjangi sealihakõhumähised (Samgyeopsal Ssam)

KOOSTISOSAD:

- 1 nael sea kõhutükid
- Ssamjang
- Salati lehed
- Küüslauguküüned, hakitud
- Viilutatud roheline sibul
- seesamiõli
- Aurutatud riis

JUHISED:

a) Grilli sea kõhutükke kuni küpsemiseni.
b) Asetage salatileht peopesale.
c) Lisa lusikatäis aurutatud riisi ja tükike grillitud sea kõhtu.
d) Määri sealihale ssamjang .
e) Lisa hakitud küüslauk, viilutatud roheline sibul ja tilk seesamiõli.
f) Mähi ja naudi!

36.Ssamjang Tofu salatipakendid

KOOSTISOSAD:
- Tugev tofu, viilutatud ristkülikuteks
- Ssamjang
- Salati lehed
- Purustatud porgandid
- Kurk, julieneeritud
- seesamiseemned

JUHISED:
a) Prae tofu pannil kuldpruuniks.
b) Aseta tofuviil salatilehele.
c) tofule ssamjang .
d) Lisa tükeldatud porgand ja julieneeritud kurk.
e) Puista peale seesamiseemned.
f) Voldi kokku ja kinnita hambatikuga.

37.Ssamjang veiseliha riisikausid

KOOSTISOSAD:

- 1 nael õhukeselt viilutatud veiseliha (ribeye või välisfilee)
- Ssamjang
- Keedetud valge riis
- Kimchi
- Viilutatud redis
- seesamiseemned

JUHISED:
a) Prae viilutatud veiseliha segades kuni küpsemiseni.
b) Sega ssamjang keedetud riisi hulka.
c) Serveeri veiseliha ssamjang riisi peal.
d) Lisa kõrvale kimchi ja viilutatud redised.
e) Enne serveerimist puista peale seesamiseemneid.

38.Ssamjang köögiviljavaagen

KOOSTISOSAD:

- Ssamjang
- Erinevaid värskeid köögivilju (kurk, paprika, porgand)
- Aurutatud maguskartuli viilud
- Korea perilla lehed (kkaennip)
- Seesamiõli kastmiseks

JUHISED:
a) Viiluta köögiviljad õhukesteks ribadeks.
b) Laota köögiviljad ja bataadiviilud vaagnale.
c) keskele kauss ssamjangiga .
d) ssamjangile seesamiõli .
e) Kasta köögiviljad enne söömist ssamjangisse .

CHUNJANG (MUSTA UBAKASTE)

39.Tteokbokki Musta oa pastaga/ Jjajang-Tteokbokki

KOOSTISOSAD:

- 300 g (10½ untsi) tteokbokki tteok
- 150 ml (rohke ½ tassi) vett
- 3 supilusikatäit suhkrut
- 150 g (5½ untsi) valget kapsast
- porgand
- ½ punast sibulat
- 1 talisibul (sibul)
- 2 cm (¾ tolli) porrulauk (valge osa)
- 150 g (5½ untsi) sealiha kõhtu
- 150 g (5½ untsi) kalapastat
- 2 supilusikatäit neutraalset taimeõli
- 50 g (1¾ untsi) praadimata chunjang musta oa pasta
- 1 spl sojakastet
- 1 spl ingverisiirupit

JUHISED:

a) Seisa tteokbokki tteoksta vees koos suhkruga 20 minutit.

b) Lõika valge kapsas 5 cm (2 tolli) pikkusteks ja 1 cm (½ tolli) laiusteks ribadeks. Lõika porgand tikutopsideks ja sibul õhukesteks ribadeks. Lõika sibula sibul ribadeks ja vars diagonaalselt 3 cm (1¼ tolli) pikkusteks osadeks ning tükelda porru.

c) Lõika sea kõht väikesteks kuubikuteks. Lõika kalapasta diagonaalselt 1 cm (½ tolli) paksusteks osadeks.

d) Kuumutage õli ja chunjang pasta pannil kõrgel kuumusel. Kui see hakkab keema, segage pidevalt 5 minutit. Kalla praetud chunjang kausi kohale peene sõelaga. Laske mõni minut nõrguda, et õli taastuks. Vala praepannile õli ja lisa porru. Kuumuta tasasel tulel.

e) Kui porru muutub aromaatseks, lisa sealihakuubikud, sojakaste ja ingverisiirup. Prae kõrgel kuumusel segades 3 minutit. Lisa ülejäänud köögiviljad (v.a. sibula vars), kalapasta ja chunjang . Segage keetmise ajal 5 minutit.

f) Lisa tteokbokki tteok ja leotusvesi pannile.

g) Lase 10–15 minutit tasasel tulel podiseda. Viis minutit enne küpsetamise lõppu lisa talisibula vars. Serveeri kuumalt.

40.Jajangmyeon (mustade ubade nuudlid)

KOOSTISOSAD:

- 200 g Chunjang
- 200 g sea kõhtu, tükeldatud
- 2 tassi sibulat, peeneks hakitud
- 1 tass suvikõrvitsat, tükeldatud
- 1 tass kartulit, tükeldatud
- 1 tass porgandit, tükeldatud
- 4 tassi keedetud nuudleid (eelistatavalt nisunuudleid)

JUHISED:

a) Kuumuta Chunjang vokkpannil või suurel pannil.
b) Lisa kuubikuteks lõigatud sea kõht ja küpseta pruuniks.
c) Lisa sibul, suvikõrvits, kartul ja porgand. Prae segades, kuni köögiviljad on pehmed.
d) Vala peale tassi vett ja hauta, kuni kaste pakseneb.
e) Serveeri kaste keedetud nuudlite peal.

41.Jajangbap (mustade ubade riisikauss)

KOOSTISOSAD:
- 200 g Chunjang
- 200 g veisehakkliha
- 1 tass sibulat, tükeldatud
- 1 tass rohelisi herneid
- 1 tass keedetud riisi

JUHISED:
a) Kuumuta pannil Chunjang .
b) Lisa veisehakkliha ja küpseta pruunistumiseni.
c) Lisa sibul ja rohelised herned, sega, kuni köögiviljad on pehmed.
d) Vala peale tassi vett ja lase podiseda, kuni kaste pakseneb.
e) Serveeri kaste keedetud riisi kausi kohal.

42.Jajang Tteokbokki (Musta oa riisi kook)

KOOSTISOSAD:
- 200 g Chunjang
- 1 tass riisikoogid
- 1 tass kalakooke, viilutatud
- 1 tass kapsast, hakitud
- 2 tassi vett

JUHISED:
a) Kuumuta pannil Chunjang .
b) Lisa riisikoogid, kalakoogid ja kapsas.
c) Vala vesi ja hauta, kuni kaste pakseneb ja riisikoogid on pehmed.
d) Serveeri kuumalt.

43.Jajang Mandu (mustade ubade pelmeenid)

KOOSTISOSAD:
- 200 g Chunjang
- 1 tass sealiha jahvatatud
- 1 tass tofut, purustatud
- 1 tass sibulat, peeneks hakitud
- Pelmeeni ümbrised

JUHISED:
a) Sega kausis Chunjang , jahvatatud sealiha, tofu ja sibul.
b) Aseta lusikatäis segu pelmeenipaberile.
c) Voldi ja sule pelmeenid.
d) Auruta või prae pelmeenid küpseks.
e) sojakastmega segatud Chunjangist valmistatud dipikastmega .

YANGNYEOM JANG (maitsestatud SOJAKASTE)

KOOSTISOSAD:

- 2 sibulat
- 2 pead küüslauku
- 260 g (9¼ untsi) gochugaru tšillipulber _
- 200 ml (rohke ¾ tassi) fermenteeritud anšoovisakastet
- 200 ml (rohke ¾ tassi) ingverisiirup

JUHISED:

a) Koori sibulad ja töötle väikeses köögikombainis. Koori küüslauguküüned ja purusta.

b) Sega küüslauk ja sibul gochugaru , fermenteeritud anšooviskastme ja ingverisiirupiga. Konsistents peaks olema üsna paks. Kui marinaad on liiga vedel, lisa veel gochugaru . Valage kaste eelnevalt steriliseeritud purki või pudelisse.

c) See kaste säilib külmkapis umbes 6 kuud.

d) NÕUANNE Kui peate sibulat korralikult töötlemiseks niisutama, kasutage vee asemel anšoovisakastet.

45.Grillmarinaad/ Bulgogi Yangnyeom

KOOSTISOSAD:

- 1 sibul
- 5 g (⅛ untsi) värsket ingverit
- ½ pirni
- 6 küüslauguküünt
- 100 ml (vähe ½ tassi) sojakastet
- 50 ml (nõrk ¼ tassi) valget alkoholi (soju või džinn)
- 2 supilusikatäit mett
- 35 g (1¼ untsi) suhkrut
- 1 tl pipart

JUHISED:

a) Koorige sibul ja ingver. Koori ja eemalda pirnilt südamik. Koori küüslauguküüned. Töötle kõik koos väikeses köögikombainis.

b) Sega töödeldud koostisosad sojakastme, alkoholi, mee, suhkru ja pipraga.

c) Seda kastet säilib külmkapis 1 nädal. Siiski on kõige parem liha marineerida kohe pärast kastme valmistamist . Marineeritud liha säilib 2 päeva.

46.Yangnyeom Jang kanatiivad

KOOSTISOSAD:
- 2 naela kanatiivad
- 1/4 tassi Yangnyeom Jang
- 2 spl sojakastet
- 1 spl mett
- 1 spl seesamiõli
- 2 küüslauguküünt, hakitud
- Kaunistuseks seesamiseemned ja roheline sibul

JUHISED:
a) Sega kausis Yangnyeom Jang, sojakaste, mesi, seesamiõli ja hakitud küüslauk.
b) Määri kanatiivad marinaadiga ja lase vähemalt 30 minutit marineerida.
c) Kuumuta ahi temperatuurini 400 °F (200 °C). Küpseta tiivad kuldseks ja läbiküpseks.
d) Enne serveerimist kaunista seesamiseemnete ja hakitud rohelise sibulaga.

KOOSTISOSAD:
- 1 plokk kõva tofu, kuubikuteks
- 1/4 tassi Yangnyeom Jang
- 2 spl sojakastet
- 1 spl seesamiõli
- 1 spl taimeõli
- Köögiviljasegu (paprika, spargelkapsas, porgand)
- Serveerimiseks keedetud riis

JUHISED:
a) Sega kausis Yangnyeom Jang, sojakaste ja seesamiõli.
b) Viska kastmesse kuubikuteks lõigatud tofu ja lase 15 minutit marineerida.
c) Kuumuta pannil taimeõli, prae segades tofu kuldseks.
d) Lisa segatud köögiviljad ja jätka segades praadimist pehmeks. Serveeri keedetud riisiga.

48.Yangnyeom Jang glasuuritud grillitud krevetivardad

KOOSTISOSAD:

- 1 nael suured krevetid, kooritud ja tükeldatud
- 1/4 tassi Yangnyeom Jang
- 2 spl riisiäädikat
- 1 spl sojakastet
- 1 spl seesamiõli
- Puidust vardas, vees leotatud
- Serveerimiseks laimiviilud

JUHISED:

a) Vahusta kausis Yangnyeom Jang, riisiäädikas, sojakaste ja seesamiõli.
b) Keera krevetid varrastele ja pintselda Yangnyeom Jang seguga.
c) Grilli krevetivardaid, kuni need on läbi küpsenud ja kergelt karamelliseerunud.
d) Serveeri pigistamiseks koos laimiviiludega.

49.Yangnyeom Jang dipikaste pelmeenidele

KOOSTISOSAD:
- 1/4 tassi Yangnyeom Jang
- 1 spl riisiäädikat
- 1 tl seesamiõli
- 1 tl suhkrut
- 1 roheline sibul, peeneks hakitud

JUHISED:
a) Sega kausis Yangnyeom Jang, riisiäädikas, seesamiõli, suhkur ja hakitud roheline sibul.
b) Segage, kuni see on hästi segunenud.
c) Kasutage oma lemmikpelmeenide dipikastmena.

50.Yangnyeom Jang veiseliha segades

KOOSTISOSAD:
- 1 nael veise välisfilee, õhukeselt viilutatud
- 1/4 tassi Yangnyeom Jang
- 2 spl sojakastet
- 1 spl seesamiõli
- 1 spl taimeõli
- 1 punane paprika, õhukeselt viilutatud
- 1 sibul, õhukeselt viilutatud
- Serveerimiseks keedetud riis

JUHISED:
a) Sega kausis Yangnyeom Jang, sojakaste ja seesamiõli.
b) Marineerige tükeldatud veiseliha segus 15-20 minutit.
c) Kuumuta pannil taimeõli, prae segades veiseliha pruunikaks.
d) Lisa viilutatud paprika ja sibul, prae segades, kuni köögiviljad on pehmed. Serveeri keedetud riisiga.

51.Yangnyeom Jang lõhevardad

KOOSTISOSAD:
- 1 nael lõhefileed, lõigatud tükkideks
- 1/4 tassi Yangnyeom Jang
- 2 spl riisiäädikat
- 1 spl sojakastet
- 1 spl mett
- Puidust vardas, vees leotatud
- Kaunistuseks seesamiseemned

JUHISED:
a) Vahusta kausis Yangnyeom Jang, riisiäädikas, sojakaste ja mesi.
b) Tõsta lõhetükid varrastele ja pintselda Yangnyeom Jangi seguga.
c) Grilli lõhevardaid kuni küpsemiseni, pintselda vajadusel veel kastmega.
d) Enne serveerimist kaunista seesamiseemnetega.

52.Yangnyeom Jang nuudlid

KOOSTISOSAD:
- 8 untsi nuudleid (ramen või soba)
- 1/4 tassi Yangnyeom Jang
- 2 spl sojakastet
- 1 spl seesamiõli
- 1 kurk, julieneeritud
- 1 porgand, julieneeritud
- Kaunistuseks seesamiseemned ja roheline sibul

JUHISED:
a) Keeda nuudlid vastavalt pakendi juhistele, seejärel loputa külma vee all ja nõruta.
b) Sega kausis Yangnyeom Jang, sojakaste ja seesamiõli.
c) Valage keedetud nuudlid kastme, kurgi ja porgandiga.
d) Enne serveerimist kaunista seesamiseemnete ja rohelise sibulaga.

53.Yangnyeom Jang Tofu vardas

KOOSTISOSAD:
- 1 plokk kõva tofu, lõika kuubikuteks
- 1/4 tassi Yangnyeom Jang
- 2 spl sojakastet
- 1 spl seesamiõli
- Puidust vardas, vees leotatud
- Kaunistuseks seesamiseemned

JUHISED:
a) Sega kausis Yangnyeom Jang, sojakaste ja seesamiõli.
b) Lõika tofukuubikud varrastele ja pintselda Yangnyeom Jang seguga.
c) Grilli või küpseta tofuvardad kuldseks.
d) Enne serveerimist puista seesamiseemnetega.

MAESIL JANG (PLOOMIKASTE)

54.Maesil Jang glasuuritud kanatiivad

KOOSTISOSAD:
- 1 kg kanatiivad
- 1/2 tassi maesili jang
- 1/4 tassi sojakastet
- 2 supilusikatäit mett
- 2 küüslauguküünt, hakitud
- 1 tl ingverit, riivitud
- Kaunistuseks seesamiseemned ja roheline sibul

JUHISED:
a) Sega maesil jang , sojakaste, mesi, küüslauk ja ingver kausis glasuuri valmistamiseks.
b) Määri kanatiivad glasuuriga ja marineeri vähemalt 30 minutit.
c) Kuumuta ahi 200°C-ni (400°F).
d) Küpseta tiibu ahjus 40-45 minutit või kuni need on krõbedad ja läbi küpsenud.
e) Enne serveerimist kaunista seesamiseemnete ja hakitud rohelise sibulaga.

55.Maesil Jang salatikaste

KOOSTISOSAD:

- 1/4 tassi maesili jang
- 2 spl oliiviõli
- 1 spl riisiäädikat
- 1 tl sojakastet
- Sool ja pipar maitse järgi

JUHISED:

a) Klopi kokku maesil jang , oliiviõli, riisiäädikas, sojakaste, sool ja pipar.

b) Nirista kaste oma lemmiksalatile vahetult enne serveerimist.

KOOSTISOSAD:
- 4 lõhefileed
- 1/3 tassi maesili jang
- 2 spl sojakastet
- 1 spl seesamiõli
- 1 spl hakitud küüslauku
- Kaunistuseks 1 spl seesamiseemneid

JUHISED:
a) Sega kausis maesil jang , sojakaste, seesamiõli ja glasuuri loomiseks hakitud küüslauk.
b) Pintselda lõhefileed glasuuriga.
c) Grilli või küpseta lõhet, kuni see on oma maitse järgi küpsenud.
d) Enne serveerimist kaunista seesamiseemnetega.

57.Maesil Jang jäätee

KOOSTISOSAD:
- 2 supilusikatäit maesili jang
- 2 tassi vett
- 1-2 supilusikatäit mett (valikuline)
- Jääkuubikud
- Kaunistuseks sidruniviilud

JUHISED:
a) Lahustage maesil jang vees. Lisa mett, kui eelistad magusamat maitset.
b) Jahuta segu külmikusse.
c) Vala maesil jang tee jääkuubikute peale.
d) Kaunista sidruniviiludega ja naudi oma värskendavat jääteed.

KOOSTISOSAD:
- Erinevaid köögivilju (brokkoli, paprika, porgandid, kirssherned)
- 1/4 tassi Maesil Jang
- 2 spl sojakastet
- 1 spl taimeõli
- Kaunistuseks seesamiseemned

JUHISED:
a) Prae köögivilju taimeõlis segades, kuni need on krõbedad-pehmed.
b) Sega väikeses kausis Maesil Jang ja sojakaste.
c) Vala Maesil Jang segu köögiviljadele ja viska katteks.
d) Enne serveerimist kaunista seesamiseemnetega.

KOOSTISOSAD:
- 1 nael sea sisefilee, õhukeselt viilutatud
- 1/4 tassi Maesil Jang
- 2 spl sojakastet
- 1 spl maisitärklist
- 1 spl taimeõli
- Köögiviljasegu (paprika, spargelkapsas, porgand)
- Serveerimiseks keedetud riis

JUHISED:
a) Sega kausis Maesil Jang, sojakaste ja maisitärklis.
b) Kuumuta pannil taimeõli, prae segades sealiha pruunikaks.
c) Lisa segatud köögiviljad ja jätka segades praadimist pehmeks.
d) Vala Maesil Jang segu sealihale ja köögiviljadele. Sega, kuni kõik on kaetud ja läbi kuumutatud . Serveeri keedetud riisiga.

60.Maesil Jang BBQ ribid

KOOSTISOSAD:
- 2 naela searibi
- 1/2 tassi Maesil Jang
- 2 spl sojakastet
- 1 spl riivitud ingverit
- 2 küüslauguküünt, hakitud
- 1 spl seesamiõli

JUHISED:
a) Sega kausis Maesil Jang, sojakaste, riivitud ingver, küüslauk ja seesamiõli.
b) Marineerige ribi segus vähemalt 2 tundi.
c) Grilli või küpseta ribisid, kuni need on täielikult küpsed ja karamelliseerunud.
d) pintselda üle ekstra Maesil Jang glasuuriga.

KOOSTISOSAD:
- 4 tassi vett
- 3 viilu värsket ingverit
- 2 supilusikatäit Maesil Jang
- Mesi maitse järgi

JUHISED:
a) Aja potis vesi ja ingveriviilud keema.
b) Alanda kuumust ja hauta 5 minutit. Eemalda ingveri viilud.
c) Segage Maesil Jang ja mesi lahustumiseni.
d) Vala tassidesse ja naudi rahustava kuuma teena.

MATGANJANG (maitsestatud SOJAKASTE)

62.Krevettide ja ananassidega praetud riis / Hawaii Bokkeumbap

KOOSTISOSAD:

- ½ talisibula (sibula) vars (ilma sibulata)
- ¼ kurki
- 1 sibul
- 1 porgand
- ½ ananassi
- 3 muna
- ½ tl soola
- 1 näputäis pipart
- 1 tl küüslaugupulbrit
- 40 g (1½ untsi) võid pluss nupp
- 2 supilusikatäit mat ganjang kastet
- 200 g (7 untsi) kooritud krevette
- 350 g (12 untsi) keedetud valget riisi, külm
- Ketšup

JUHISED:

a) Haki talisibula vars. Lõika kurk, sibul ja porgand 5 mm (¼ tolli) kuubikuteks. Lõika ananassi viljaliha 1 cm (½ tolli) kuubikuteks.

b) Klopi lahti munad ja maitsesta soola, pipra ja küüslaugupulbriga.

c) Kuumuta või pannil kõrgel kuumusel. Lisa talisibul ja sibul ning prae segades, kuni sibul hakkab muutuma poolläbipaistvaks. Lisa porgand, kurk ja matt ganjang ; küpseta, kuni porgand on pehme. Lisa ananass ja kooritud krevetid ning prae segades 3 minutit.

d) Lisage praepannile keedetud valge riis. Sega ühtlaseks. Maitsesta maitseainet ja lisa vastavalt vajadusele soola. Lükake kogu praetud riis praepanni ühele küljele. Aseta panni tühjale põhjale võinupp. Lisa lahtiklopitud munad ja sega, kuni need on poolküpsed – peaksid jääma veidi vahutavad. Sega läbi riis.

e) Serveeri õõnestatud ananassi poolena või üksikute portsjonitena, peale niristatud paar ketšupit. Serveeri soovi korral sojakastme hapukurgi, valge redise marineeritud kurgi või marineeritud kollase redisega.

63.Korea veiseliha tartar / Yukhoe

KOOSTISOSAD:

- 2 küüslauguküünt
- 1,5 cm (⅝ tolli) porrulauk (valge osa)
- ½ Korea pirni (või ½ rohelist pirni)
- 300 g (10½ untsi) eriti värsket veisefileed või välisfilee
- 2 spl matganjang kastet
- 1 spl seesamiõli
- 1 spl suhkrut
- ½ supilusikatäit seesamiseemneid (või piiniaseemneid), lisaks veel puistamiseks
- 50 g (1¾ untsi) rakett (rukola)
- 1 munakollane
- Sool ja pipar

JUHISED:

a) Purusta küüslauk. Haki porru. Koori pirn ja lõika 5 mm (¼ tolli) paksusteks tikutopsideks. Patsutage liha paberrätikuga, et eemaldada liigne veri. Lõika veiseliha sama paksusteks kangideks.

b) Sega liha küüslaugu, porru, matt ganjang , seesamiõli, suhkru, seesamiseemnete või piiniaseemnete, soola ja pipraga söögipulkade või kahvlite abil. Vältige käsitsi segamist , et mitte muuta liha värvi kehasoojuse tõttu.

c) Laota raketilehed taldrikule. Aseta peale pirni tikud. Suru liha kaussi ja kalluta seejärel pirnile. Vajutage kergelt liha keskele, et tekiks taane, ja libistage ettevaatlikult munakollane sisse. Puista üle täiendavate seesamiseemnete või piiniaseemnetega.

d) millesse lihatükke kasta .

64.Praetud seened/ Beoseot-Bokkeum

KOOSTISOSAD:
- 5 saesongyi seeni (kuningas austri seened)
- 2 cm (¾ tolli) porrulauk (valge osa)
- 2 supilusikatäit neutraalset taimeõli
- ½ supilusikatäit suhkrut
- 1 spl sojakastet
- 1 spl austrikastet
- 1 spl mett
- 1 hea näputäis pipart
- ½ supilusikatäit musti seesamiseemneid

JUHISED:
a) Lõika seened pikuti pooleks, seejärel pikkadeks 5 mm (¼ tolli) paksusteks ribadeks. Haki porru.
b) Määri pann taimeõliga ja prae porrut kõrgel kuumusel segades, kuni see lõhnab. Lisa pannile seened ja prae segades.
c) Kui seentest hakkab mahl välja tulema, tee panni keskele süvend ja vala sinna suhkur, soja- ja austrikastmed. Lase 15 sekundit soojeneda, seejärel sega hästi seentega. Prae segades veel 2 minutit.
d) Lülitage kuumus välja, kuid jätke pann pliidiplaadile või pliidiplaadile. Maitsesta mee ja pipraga, seejärel sega kokku. Serveeri seesamiseemnetega üle puistatud. Naudi kuumalt või külmalt.

65.Magus-ja-hapud lootosejuured/ Yeongeun-Jorim

KOOSTISOSAD:
- 500 ml (2 tassi) vett
- 1 ruut (10 cm/4 tolli) dasima merevetikas (kombu)
- 500 g (1 nael 2 untsi) lootosejuuri
- 1 spl valget äädikat
- 4 spl suhkrut
- 2 supilusikatäit neutraalset taimeõli
- 100 ml (vähe ½ tassi) sojakastet
- 2 spl valget veini
- 1 spl mett
- ½ supilusikatäit seesamiseemneid

JUHISED:
a) Valage 500 ml (2 tassi) vett kastrulisse ja lisage dasima merevetikad. Kuumuta keemiseni ja küpseta 20 minutit keskmisel kuumusel. Visake merevetikad ära ja hoidke puljong alles.
b) Koorige lootosejuured ja lõigake need 1 cm (½ tolli) paksusteks viiludeks. Pange need kastrulisse ja katke külma veega. Lisa äädikas. Kuumuta kõrgel kuumusel keemiseni ja keeda 10 minutit. Nõruta ja loputa lootosejuured külma vee all. Tühjendage keeduvesi.
c) Sega kausis lootosejuured ja suhkur. Lase toatemperatuuril seista, kuni suhkur on lahustunud.
d) Kuumuta taimeõliga kaetud pann. Kui õli on veidi kuum, valage lootosejuured koos nende magusa vedelikuga. Vala peale sojakaste, valge vein ja merevetikapuljong. Hauta keskmisel kuumusel, kuni vedelikku ei jää, umbes 20–30 minutit. Keera kuumus maha ja lisa mesi ja seesamiseemned.
e) Seda lisandit saab nautida nii soojalt kui ka külmalt ning külmkapis säilib kuni 5 päeva.

66.Vürtsikas veiseliha- ja köögiviljasupp/ Yukgaejang

KOOSTISOSAD:

- 500 g (1 naela 2 untsi) riidepuu praad
- 1,5 liitrit (6 tassi) vett
- 50 ml (nõrk ¼ tassi) valget alkoholi (soju või džinn)
- 3 küüslauguküünt
- 2 rohelist porrulehte
- 100 g (3½ untsi) vürtsikat marinaadi
- 3 spl matganjang kastet
- 200 g (7 untsi) oa idandeid
- 5 püogo seent (shiitake) või austrite seeni
- 25 cm (10 tolli) porrulauk (valge osa)
- 1 spl seesamiõli
- 1 supilusikatäis neutraalset taimeõli
- 3 spl sojakastet
- ½ tl pipart soola

JUHISED:

a) Lõika liha umbes 15 cm (6 tolli) laiusteks tükkideks. Leota liha 1½ tundi külmas vees, et veri väljuks, vahetades vett iga 30 minuti järel, seejärel kurnata. Kuumuta 1,5 liitrit (6 tassi) vett keemiseni. Lisa liha, alkohol, kooritud küüslauguküüned ja rohelised porrulehed. Pärast keemise taastamist keetke keskmisel kuumusel 40 minutit ilma kaaneta.

b) Eemalda lusikaga puljongi pinnalt tekkinud vaht. Eraldage puljong lihast, visake küüslauk ja rohelised porrulehed ära, kuid jätke puljong alles. Kui liha on piisavalt jahtunud, tükeldage see kätega.

c) Sega see vürtsika marinaadi ja matt ganjangiga . Laske seista.

d) Vahepeal pese oadud. Lõika seened 1,5 cm (⅝ tolli) viiludeks. Lõika porru valge viieks 5 cm (2 tolli) osaks, seejärel iga osa pikisuunas pooleks ja iga poolik osa neljaks pikisuunas (ideaalne laius on 1 cm/½ tolli).

e) Kuumuta kastrulis seesamiõli ja taimeõli. Kui see kuumeneb, lisa liha ja prae segades 3 minutit. Lisage porruvalge ja sojakaste ning segage hästi, seejärel lisage umbes 1 liiter (4 tassi) reserveeritud puljongit.

f) Keeda kõrgel kuumusel 10 minutit pärast keemise jätkumist.

g) Lisa seened ja oad ning keeda veel 10 minutit. Maitsesta soola ja pipraga.

67.Praetud valge redis/Mu- Namul

KOOSTISOSAD:

- 450 g (1 nael) valget redist (daikon)
- 2 cm (¾ tolli) porrulauk (valge osa)
- 2 küüslauguküünt
- 3 spl seesamiõli
- 1 spl matganjang kastet
- 1 tl soola
- 1 tl suhkrut
- 1 supilusikatäis seesamiseemneid

JUHISED:

a) Koorige valge redis ja lõigake 5 mm (¼ tolli) paksusteks tikkudeks.

b) Haki porru valgeks ja purusta küüslauk.

c) Määri pann seesamiõliga ja prae porrut ja küüslauku kõrgel kuumusel, kuni see lõhnab. Lisa pannile redis. Tee redisepulkade keskele süvend ja vala sisse matt ganjang . Lase 15 sekundit soojeneda, seejärel sega redisega korralikult läbi. 4 minuti pärast segage sool ja suhkur ning vähendage kuumust keskmisele tasemele. Prae segades umbes 15 minutit. Kui redis hakkab kõrbema, lisa veidi vett.

d) Keetmine valmib siis, kui redis on läbipaistev ja pehme. Maitsesta maitse järgi soolaga. Serveeri seesamiseemnetega üle puistatud. Naudi kuumalt või külmalt.

68.Praetud rohelised oad/rohelised oad Bokkeum

KOOSTISOSAD:

- 500 g (1 nael 2 untsi) õhukesi rohelisi ube
- 10 küüslauguküünt
- 100 g (3½ untsi) suitsupeekonit
- 2 spl seesamiseemneid
- 3 supilusikatäit oliiviõli
- 2 spl matganjang kastet
- 1 tl soola

JUHISED:

a) Top ja saba ning pese rohelised oad. Aja kastrulis veidi soolaga maitsestatud vett keema ja nirista sisse oad. Keeda 2 minutit pärast keemiseni. Nõruta oad koheselt ja värskenda külma vee all. Koori küüslauguküüned, lõika pooleks ja soovi korral eemalda idud. Lõika peekon 1 cm (½ tolli) laiusteks tükkideks. Purusta seesamiseemned hästi.

b) Määri panni põhi oliiviõliga ja prae küüslauku kõrgel kuumusel segades kuldseks. Lisa pannile peekon ja prae segades läbi. Kui peekon on küpsenud, lisa oad ja matt ganjang . Prae segades 5 minutit. Lisa purustatud seesamiseemned ja maitsesta soolaga. Prae segades veel 2 minutit. Naudi kuumalt või külmalt.

69.Tofu salat/ Dubu -salat

KOOSTISOSAD:

- 300 g (10½ untsi) tahket tofut
- 3 supilusikatäit neutraalset taimeõli
- ½ kollast paprikat (paprikat)
- 20 kirsstomatit
- ¼ punast tammelehtsalatit
- 300 g (10½ untsi) lambasalatit
- Mustad seesamiseemned
- soola

KASTE

- ½ sidruni
- 4 spl matganjang kastet
- 2 spl oliiviõli
- ½ tl pipart
- ½ šalottsibul

JUHISED:

a) Lõika tofuplokk 1,5 cm (⅝ tolli) kuubikuteks. Kuumuta taimeõliga kaetud pann ja aseta pannile tofukuubikud. Prae keskmisel kuumusel, kuni kõik küljed on kuldsed, keerates kuubikuid spaatli ja lusikaga, et mitte katki minna. Maitsesta küpsetamise ajal kumbki pool soolaga. Pärast keetmist lase toful paberrätikul jahtuda.

b) Lõika paprika õhukesteks ribadeks. Lõika kirsstomatid pooleks.

c) Kastme jaoks pigista sidrunist ja sega mahl matt ganjang , oliiviõli ja pipraga. Haki šalottsibul ja lisa kastmele.

d) Laota tammeleht ja lambasalat serveerimisnõusse. Laota peale tofu, paprika ja kirsstomatid. Puista peale seesamiseemned ja nirista peale kaste.

70.Fish Fritters/ Seangseon-Tuigim Salad

KOOSTISOSAD:
- ¼ jääsalat
- ¼ pehmet salatit
- ½ sibulat
- 700 g (1 nael 9 untsi) valget kala
- 2 keskmist muna
- 80 g (2¾ untsi) tavalist (universaalset) jahu
- 120 g (4¼ untsi) panko riivsaia
- 1 liiter (4 tassi) neutraalset taimeõli
- Küüslaugupulber
- Sool ja pipar

KASTE
- 4 spl matganjang kastet
- 2 spl suhkrut
- 4 supilusikatäit õuna või õunasiidri äädikat
- 3 spl mineraalvett
- 1 näputäis pipart

JUHISED:
a) Pese ja tükelda salatid jämedalt. Viiluta sibul õhukeselt. Kasta viilutatud sibul 5 minutiks mõne tilga äädikaga külma vette, seejärel nõruta. Kastme valmistamiseks sega kõik kastme koostisosad omavahel.

b) Lõika kala ristkülikukujulisteks tükkideks, mille paksus on 3 cm (1¼ tolli), 5 cm (2 tolli) lai ja umbes 7 cm (2¾ tolli). Puista iga tükk rohkelt soola, pipra ja küüslaugupulbriga ning jäta 5 minutiks marineerima. Klopi lahti munad. Määri iga kalatükk jahuga, seejärel lahtiklopitud munaga, seejärel panko riivsaiaga.

c) Kuumutage taimeõli temperatuurini 170 °C (340 °F). Tõsta kalatükid õlisse ja küpseta 7 minutit. Eemaldage need ettevaatlikult. Asetage need kurn ja laske 5 minutit nõrguda . Prae uuesti 3 minutit ja nõruta uuesti 5 minutit.

d) Laota salat ja sibulatükid serveerimisalusele. Nirista üle kastmega.

e) peale kalafileed .

71.Tteokbokki Sojakastmega / Ganjang-Tteokbokki

KOOSTISOSAD:
- porgand
- 10 cm (4 tolli) porrulauk (valge osa)
- 200 g (7 untsi) kalapastat
- 250 ml (1 tass) vett
- 3 supilusikatäit suhkrut
- 300 g (10½ untsi) tteokbokki tteok
- 100 ml (nõrk ½ tassi) matt ganjang kastet
- ½ tl pipart Seesamiseemned

JUHISED:
a) Lõika porgand pooleks kaheks palgiks, siis iga osa pikuti pooleks ja viimasena pikuti õhukesteks ribadeks. Viiluta porru diagonaalselt 2 cm (¾ tolli) paksusteks viiludeks. Lõika kalapasta diagonaalselt.
b) Valage vesi praepannile. Lisa suhkur ja kuumuta keemiseni. Vähendage kuumust kohe keskmisele ja valage tteokbokki sisse tteok . Hauta 5 minutit, segades, et need ei jääks panni põhja ega üksteise külge kinni, vajadusel eraldage need.
c) Lisa matt ganjang , porrulauk, porgand ja kalapasta. Hauta 10 minutit pidevalt segades.
d) Kui kaste on poole võrra vähenenud, lisa pipar ja näpuotsatäis seesamiseemneid. Vajadusel lisa veel veidi matt ganjang .

72.Jäävetikasupp / Miyeok-Naengguk

KOOSTISOSAD:

- 10 g (¼ untsi) miyeoki merevetikat (wakame)
- 100 g (3½ untsi) valget redist (daikon)
- ½ spl soola 5 spl suhkrut
- ½ porgandit
- ¼ sibulat
- 100 ml (vähe ½ tassi) õuna- või valget äädikat
- 1 tl fermenteeritud anšooviskaastet
- 2 supilusikatäit mat ganjang kastet
- 600 ml (2 tassi) mineraalvett
- 1 näputäis seesamiseemne
- Jääkuubikud, serveerimiseks

JUHISED:

a) Laske merevetikatel 20 minutit suures veega täidetud kausis rehüdreeruda. Kurna ja vala 1 liiter (4 tassi) keeva veega merevetikatele enne, kui jahutad selle jooksva vee all ja seejärel uuesti kurnata. Pigistage merevetikad kätega, et eemaldada liigne vesi, ja lõigake see jämedalt kääridega.

b) Lõika redis tikutopsideks. Marineerige soola ja 1 spl suhkruga 15 minutit. Nõruta ja vajuta kergelt kätega, et osa vedelikust välja tõmmata. Lõika porgand tikutopsideks. Lõika sibul tikutopsideks ja seista 10 minutit külmas vees koos mõne tilga äädikaga, seejärel nõruta.

c) Sega kausis merevetikad, äädikas ja 4 supilusikatäit suhkrut. Lisa sibul, porgand, redis, fermenteeritud anšoovisekaste, matt ganjang ja mineraalvesi. Sega uuesti läbi ja maitsesta soolaga.

d) Enne serveerimist puista üle seesamiseemnetega ja lisa serveerimisnõusse mõned jääkuubikud.

73.Aurutatud merilatikas/ Domi-Jjim

KOOSTISOSAD:

- 1 terve merilatikas, roogitud
- 3 supilusikatäit valget alkoholi (soju või džinn)
- 2 tl meresoola
- 2 tl jahvatatud ingverit
- ½ tl pipart 6 rohelist porrulehte
- 5 g (⅛ untsi) värsket ingverit
- ½ sidruni

TOPPING

- 1 keskmine muna
- 2 püogo seent (shiitake)
- ½ supilusikatäit ingverisiirupit
- 1 supilusikatäis mat ganjang kastet
- porgand
- suvikõrvits (suvikõrvits)
- ½ porrulauk (valge osa)
- Neutraalne taimeõli
- soola

KASTE

- 1 spl sojakastet
- 2 supilusikatäit õuna või õunasiidri äädikat
- ½ supilusikatäit suhkrut
- ½ tl sinepit

JUHISED:

a) Kraapige noaga õrnalt soomustele vastupidises suunas väljastpoolt, et eemaldada need. Puhastage kala, puhastades hoolikalt kahe sõrme vahel korralikult hõõrudes saba ja uimed. Puhastage seest ja lõpused põhjalikult jooksva vee all. Sega omavahel soju, meresool, jahvatatud ingver ja pipar. Masseeri merilatikat selle marinaadiga nii seest kui väljast. Tõsta 15 minutiks kõrvale.

b) Valmista kate. Eralda munavalge munakollasest. Maitsesta mõlemad vähese soolaga ja klopi eraldi läbi. Tehke kuumal õliga määritud pannil valgest, seejärel munakollasest õhuke omlett ; lõika need ribadeks. Lõika seened tikutopsi ning sega ingverisiirupi ja matt ganjang kastmega. Prae segades 3 minutit väheses neutraalses õlis. Lõika porgand tikutopsideks ja prae segades 3 minutit väheses neutraalses õlis, puista peale näpuotsaga soola. Korda sama suvikõrvitsaga. Lõpeta porru valge osa purustamisega.

c) Tee latika mõlemale küljele kolm suurt lõiget 30-kraadise nurga all. Asetage auruti korv Hollandi ahju ja valage vett kuni 2 cm (¾ tolli) allapoole. Laota korvi rohelised porrulehed, viilutatud värske ingver ja õhukeselt viilutatud sidrun. Aseta peale merilatikas ja kalla peale ülejäänud marinaad. Katke ja laske keema tõusta. Hauta 15 minutit keskmisel kuumusel kaane all hoides. Lülitage kuumus välja ja seista 5 minutit ilma kaant eemaldamata. Ava ja lase paar minutit jahtuda .

d) Sega kastme ained omavahel. Aseta merilatikas hakitud valge porru peenrale. Lao peale kõik katte koostisosad . Söömiseks võta kalaliha ja kasta kastmesse.

74.Seesami spinat / Sigeumchi-Namul

KOOSTISOSAD:

- 2 küüslauguküünt
- 1 cm (½ tolli) porrulauk (valge osa)
- 600 g (1 nael 5 untsi) värsket spinatit
- ½ supilusikatäit mat ganjang kastet
- 3 spl seesamiõli
- ½ supilusikatäit seesamiseemneid soola

JUHISED:

a) Purusta küüslauguküüned ja haki porru peeneks. Puhastage spinati lehed, lõigake varred, kui need on liiga paksud. Kui lehed on väga laiad, lõigake need risti pooleks.

b) Aja soolaga maitsestatud vesi kastrulis keema ja kalla peale spinat. Niipea, kui lehed hakkavad närbuma, nõrutage need kurnis ja laske küpsemise peatamiseks külma vee alla. Võtke suured peotäied jahtunud lehti ja pigistage neid kätega, et eemaldada liigne vesi, seejärel asetage see kaussi.

c) Lisa küüslauk, porru, matt ganjang ja seesamiõli spinatile. Hõõru seesamiseemneid tugevalt käte vahel, et need purustada, seejärel lisa need spinatisegule. Sega see kõik ettevaatlikult kokku, eemaldades spinatilehed. Kontrolli maitsestust ja lisa maitse järgi soola.

75.Tursarullid/ Seangseon-Marigui

KOOSTISOSAD:
- porgand
- 2 püogo seent (shiitake)
- 4 küüslaugu murulauku
- 80 g (2¾ untsi) oa idandeid
- 400 g (14 untsi) tursafilee
- 2 spl valget veini
- 1 spl ingverisiirupit
- 4 spl matganjang kastet
- 1 tl seesamiõli
- 1 näputäis pipart
- 3 supilusikatäit neutraalset
- taimeõli

JUHISED:
a) Riivi porgand. Viiluta seened õhukeselt. Lõika murulauk 5 cm (2 tolli) tükkideks. Pese ja nõruta oadud. Lõika kala umbes 12 cm (4½ tolli) pikkusteks ja 1 cm (½ tolli) laiusteks viiludeks.
b) Aseta igale kalatükile veidi porgandit, paar murulauku, 1 seeneviil ja paar oa võrset. Rullige kala, et koostisosad oleksid ümbritsetud, ja kinnitage väikese puidust hambaorkuga.
c) Marinaadi jaoks sega vein, ingverisiirup, matt ganjang , seesamiõli ja pipar. Kuumuta taimeõliga kaetud pann keskmisel kuumusel. Kui õli hakkab kuumenema, asetage kalarullid pannile. Prae 3 minutit, keerates kogu rullide pinna küpseks. Lisa marinaad. Hauta tasasel tulel 5 minutit, keerates rulle õrnalt, et need laiali ei läheks.
d) Enne serveerimist eemaldage hambaorkid.

GANJANG (SOJAKASTE)

76.Kimchi praetud riis / Kimchi Bokkeumbap

KOOSTISOSAD:
- 400 g (14 untsi) hiina kapsa kimchi
- 1 spl suhkrut
- 1 tl küüslaugupulbrit
- 1 kevadsibula (sibula) vars (ilma sibulata)
- 320 g (11¼ untsi) tuunikalatükke päevalilleõlis
- 2 supilusikatäit neutraalset taimeõli
- 1 spl gochugaru tšillipulber _
- 2 spl sojakastet
- 1 spl fermenteeritud anšoovisakastet
- 400 g (14 untsi) keedetud valget riisi, külm
- 4 muna, praetud

JUHISED:
a) Aseta kimchi kaussi ja lõika see kääridega väikesteks tükkideks.
b) Lisa suhkur ja küüslaugupulber ning sega korralikult läbi. Seista 5 minutit.
c) Haki talisibula vars. Nõruta tuunikala. Määri praepann taimeõliga. Tõsta sisse hakitud talisibul ja keera kuumus kõrgeks. Prae segades, kuni kevadsibul hakkab pehmenema. Lisa kimchi ja gochugaru . Prae segades 5 minutit, kuni kimchi on veidi läbipaistev. Lisa tuunikala, sojakaste ja fermenteeritud anšoovisekaste. Prae segades 5 minutit.
d) on hästi segunenud, lisage praepannile keedetud valge riis . Ühtlase värvi saamiseks segage riis läbi . Kui riis on ühtlaselt kimchi värvi võtnud, on keetmine lõppenud.
e) bokkeumbapi peale . Serveeri soovi korral sojakastme hapukurgi või valge redise hapukurgiga.

77.Surimi salat/ Keuraemi -salat

KOOSTISOSAD:

- ¼ roheline salat
- ¼ sibulat
- kurk
- 1 supilusikatäis seesamiseemneid
- 12 surimi (krabi) pulka

KASTE

- 2 tl õuna või õunasiidri äädikat
- 2 spl suhkrut
- 1 spl sojakastet
- 1 tl sinepit
- ½ tl pipart

JUHISED:

a) Pese salat, seejärel nõruta ja rebi lehed. Viiluta sibul õhukesteks viiludeks ja immuta mõne tilga äädikaga veekausis. Lase 10 minutit vees seista, seejärel kurna.

b) Lõika kurk tikutopsideks. Purusta seesamiseemned hästi. Rebi surimipulgad kätega ribadeks.

c) Kastme valmistamiseks sega kõik kastme koostisosad omavahel.

d) Vahetult enne serveerimist aseta salat kaussi. Sega kõik kokku, kaasa arvatud kaste ja seesamiseemned.

78.Korea veiselihakotletid / Tteokgalbi

KOOSTISOSAD:
- 1 sibul
- ½ porgandit
- 600 g (1 nael 5 untsi) veisehakkliha
- 6 spl sojakastet
- 4 spl suhkrut
- 2 spl ingverisiirupit
- 1 spl seesamiõli
- 1 tl soola
- 1 näputäis pipart
- 1 munakollane
- 1 spl vett murulauk
- Seedermänni pähklid

JUHISED:
a) Haki sibul ja porgand peeneks. Patsutage liha paberrätikuga, et eemaldada liigne veri. Segage liha sibula, porgandi, sojakastme, suhkru, ingverisiirupi, seesamiõli, soola, pipra ja munakollasega, kuni see on hästi segunenud. Tekstuur peaks olema nagu pasta.
b) Jaga kuueks osaks. Tasandage iga osa kätes, et saada ühtlase kujuga, umbes 1 cm (½ tolli) paksused pätsikesed. Vajutage pöidlaga iga pätsi keskele, et luua taane.
c) Kuumuta praepann. Kui see on kuum, asetage pätsikesed pannile taandega ülespoole. Küpseta kokku 5 minutit, regulaarselt keerates, et liha ei kõrbeks. Lisa vesi. Kata kaanega ja küpseta 10 minutit, poole peal keerates.
d) Serveeri murulaugupeenral ja puista peale purustatud piiniaseemneid.

79.Õhukeste viiludega grillitud ribid / La Galbi

KOOSTISOSAD:
- 1 kg (2 naela 4 untsi) veiseliha lühikesi ribisid koos luudega, lõigatud õhukesteks viiludeks
- 20 cm (8 tolli) porrulauk (valge osa)
- 1 kiivi
- Grilli marinaad
- 3 spl sojakastet
- 1 spl seesamiõli

JUHISED:
a) Kasta liha kaussi külma veega ja jäta 2 tunniks seisma, vahetades vett iga 30 minuti järel enne kurnamist.
b) Lõika porru neljaks osaks, seejärel lõika iga tükk pikuti pooleks. Koori ja püreesta kiivid väikeses köögikombainis. Vala lihale grillmarinaad, sojakaste, kiivi- ja seesamiõli ning sega korralikult läbi. Sega porruga. Lase vähemalt 12 tundi külmkapis puhata.
c) Kuumuta malmist chargrill-pann või praepann kõrgel kuumusel. Aseta pannile lihaviilud ja porrutükid. Küpseta keskmisel kuumusel mõlemalt poolt 7 minutit.
d) Lõika liha enne serveerimist kääridega konditükkide vahelt. Soovi korral võite seda süüa nagu ssambapi või lihtsalt riisi ja hiina kapsa kimchiga.

80.Kimchi kastmega salat / Sangchu-Geotjeori

KOOSTISOSAD:

- ½ salatit
- ½ sibulat
- ½ porgandit
- 1 spl gochugaru tšillipulber _
- 2 spl sojakastet
- 1 spl fermenteeritud anšoovisakastet
- 3 supilusikatäit õuna või õunasiidri äädikat
- 2 spl suhkrut
- 1 tl küüslaugupulbrit
- 1 spl seesamiõli
- ½ supilusikatäit seesamiseemneid

JUHISED:

a) Pese salat, nõruta ja rebi lehed jämedalt lahti. Lõika sibul õhukesteks viiludeks ja kasta kaussi, kuhu on lisatud paar tilka äädikat. Enne kurnamist laske 5 minutit leotada. Lõika porgand tikutopsideks.

b) Sega salat sibula, porgandi, gochugaru , sojakastme, fermenteeritud anšooviskastme, õunaäädika, suhkru, küüslaugupulbri, seesamiõli ja seesamiseemnetega. Serveeri.

81.Porru salat/Pa- Muchim

KOOSTISOSAD:
- 4 porrulauku (valge osa)
- 1 spl gochugaru tšillipulber _
- 2 spl sojakastet
- 1 spl fermenteeritud anšoovisakastet
- 4 supilusikatäit õuna või õunasiidri äädikat
- 2 spl suhkrut
- ½ tl küüslaugupulbrit
- 1 spl seesamiõli
- ½ supilusikatäit seesamiseemneid

JUHISED:
a) Pese porruvalged. Lõika need pikuti pooleks.
b) Jagage sisemised ja välimised lehed kaheks hunnikuks. Voldi iga hunnik pooleks, seejärel haki pikuti peeneks. Kastke õhukesed porruribad mõne tilga äädikaga kaussi. Enne kurnamist laske 10 minutit leotada.
c) Sega kausis porrulauk, gochugaru , sojakaste, fermenteeritud anšoovisekaste, õunaäädikas, suhkur, küüslaugupulber, seesamiõli ja seesamiseemned. Serveeri.

82.Omlett ja tuunikalakauss / Chamchi -Mayo - Deobpab

KOOSTISOSAD:

- 2 muna
- 2 salatilehte
- ¼gim merevetikaleht (nori)
- 80 g (2¾ untsi) tuunikalatükke päevalilleõlis
- ½ tl suhkrut
- 1½ supilusikatäit sojakastet
- ½ tl gochugaru tšillipulber _
- ½ tl küüslaugupulbrit
- 180 g (6½ untsi) kuumtöödeldud valget riisi
- 2 spl majoneesi Neutraalne taimeõli Sool ja pipar

JUHISED:

a) Klopi munad korralikult lahti ning maitsesta soola ja pipraga. Kuumuta taimeõliga määritud pann. Vala hulka munad ja sega munapuder. Kõrvale panema.

b) Lõika salatilehed ja vetikaleht õhukesteks ribadeks. Nõruta tuunikala, jättes alles veidi õli. Sega kausis tuunikala ja reserveeritud õli suhkru, ½ sl sojakastme, gochugaru ja küüslaugupulbriga.

c) Laota riis ja seejärel salat serveerimisnõusse ning nirista peale 1 spl sojakastet. Lisa munapuder ja seejärel tuunikala. Nirista ohtralt majoneesiga ja lõpetuseks puista üle merevetikatega .

d) Söö ilma segamata, proovides võtta ühe hammustusega natuke kõigist koostisosadest.

83. Veiseliha Japchae / Japchae

KOOSTISOSAD:

- 200 g (7 untsi) maguskartuli vermikelli
- 300 g (10½ untsi) paksu veiseliha praad
- 6 spl sojakastet
- 4 spl suhkrut
- 1½ tl küüslaugupulbrit
- 1 tl pipart
- 1 punane paprika (paprika)
- 1 porgand
- ½ suvikõrvits (suvikõrvits)
- 4 püogo seent (shiitake) või austrite seeni
- ½ sibulat
- 3 cm (1¼ tolli) porrulauk (valge osa)
- 1 muna
- 100 ml (vähe ½ tassi) vett
- 4 spl seesamiõli
- ½ supilusikatäit seesamiseemneid
- 5 küüslaugu murulauku
- Neutraalne taimeõli
- soola

JUHISED:

a) Kastke bataadivermikellid külma vette ja laske 2 tundi tõmmata, seejärel kurnake.

b) Lõika liha õhukesteks ribadeks. Marineerige ülejäänud roa valmistamise ajal 2 spl sojakastme, 1 spl suhkru, ½ tl küüslaugupulbri ja ½ tl pipraga.

c) Lõika paprika, porgand ja suvikõrvits tikutopsideks. Viiluta seened ja sibul õhukesteks viiludeks. Haki porru. Vahusta muna hea näpuotsatäie soolaga. Küpseta kuumal õliga määritud pannil õhuke omlett . Lase jahtuda, rulli õrnalt kokku ja lõika õhukesteks ribadeks.

d) Kuumuta pannil kõrgel kuumusel veel taimeõli. Prae porgand ja suvikõrvits läbi segades, maitsestades neid näpuotsatäie soolaga. Kui köögiviljad on veidi pehmenenud, tõsta need kaussi kõrvale. Tehke sama paprikaga, seejärel seentega, seejärel sibulaga. Prae marineeritud liha segades 5 minutit. Pange kõik samasse kaussi kõrvale.

e) Valmista kaste. Segage vesi, 4 supilusikatäit sojakastet, 3 supilusikatäit suhkrut, 1 tl küüslaugupulbrit ja
f) ½ teelusikatäit pipart. Kuumuta 2 spl seesamiõli ja tükeldatud porrut suurel pannil keskmisel kuumusel. Kui porru muutub aromaatseks, lisa vermišell ja kaste. Keeda segades 5 minutit.
g) Valage kuumad vermišellid köögiviljakaussi. Lõika vermikellid kääridega, ühes suunas ja siis teises suunas. Lisa seesamiseemned ja 2 supilusikatäit seesamiõli ning sega õrnalt kätega, kui vermikellid on veidi jahtunud.
h) Laota japchae taldrikutele. Tõsta japchae peale omletiribad ja kaunista hakitud küüslaugu murulauguga.

84.Merevetikad Vermicelli Fritters/ Gimmari

KOOSTISOSAD:
- 100 g (3½ untsi) maguskartuli vermikelli
- porgand
- 1 kevadsibula (sibula) vars (ilma sibulata)
- 1 liiter (4 tassi) neutraalset taimeõli, millele lisandub lisa köögiviljade jaoks
- 2 spl sojakastet
- ½ supilusikatäit suhkrut
- ½ supilusikatäit seesamiõli
- ½ tl pipart
- 1½ teelusikatäit soola
- 4 merevetikalehte (nori)
- 50 g (1¾ untsi) tavalist (universaalset) jahu
- 300 g (10½ untsi) Korea fritteritainast

JUHISED:
a) Leota vermišelli eraldumiseks 2 tundi külmas vees.
b) Tükelda porgand ja talisibul. Prae neid veidi aega 3 minutit
c) taimeõli . Keeda vermišelli keevas vees 3 minutit. Kasutades
d) kurn , värskendage neid külma veega ja seejärel kurnake hästi. Asetage need
e) kaussi ja lõika kääridega kaks korda, moodustades ristikujulise kuju. Segage koos
f) hautatud köögiviljad, sojakaste, suhkur, seesamiõli, pipar ja 1 tl
g) soolast .
h) Lõika iga merevetikaleht neljaks ristkülikuks, lõigake see pikuti ja seejärel risti. Asetage üks merevetika ristkülik tööpinnale, töötlemata pool ülespoole. Asetage veidi vermišelli segu laiusele,
i) veidi alla keskosa. Niisutage külma veega 1,5 cm (⅝ tolli) riba lehe ülaosas. Rulli tihedalt kokku. Niisutatud osa kleepub ja sulgeb rulli. Tehke sama kõigi vetikalehtedega.
j) Sega jahu ½ tl soolaga. Kuumutage õli temperatuurini 170 °C (340 °F). Temperatuuri kontrollimiseks lase tilk taigna õli sisse kukkuda: kui see kohe pinnale tõuseb, on temperatuur õige. Puista vetikarullid kergelt jahuga, et need oleksid ühtlaselt kaetud, seejärel kasta need frittertaignasse. Kastke

iga rull tangide abil õlisse, liigutades seda kaks või kolm korda
edasi-tagasi, enne kui selle õlisse lasete.

k) Prae umbes 4 minutit. Küpsetamine on valmis , kui fritüürid
    on kuldpruunid. Eemalda fritüürid õlist ja pane kurn vähemalt
    5 minutiks nõrguma. Prae uuesti õlis 2 minutit ja lase
    nõrguda .

l) Serveeri kuumalt tuigimi kastmesse kastes või tšillipastaga
    praetud tteokbokkiga .

KOOSTISOSAD:

- ¼ sibulat
- ¼ naeris
- 2 rohelist porrulehte
- 1 sidrun
- 1 õun
- 4 küüslauguküünt
- 170 ml sojakastet
- 130 ml (½ tassi) vett
- 65 ml (¼ tassi) valget alkoholi (soju või džinn)
- 1 spl fermenteeritud anšoovisakastet
- 10 suurt musta pipra tera

JUHISED:

a) Koori sibul ja kaalikas. Haki porru lehed jämedalt. Lõika sidrunist õhukesed ringid ja õunast õhukesed viilud. Koori küüslauguküüned.

b) Aja sojakaste, vesi, alkohol, fermenteeritud anšoovisakaste, kaalikas, porrulauk, sibul, küüslauk ja pipraterad kastrulis kaanega keema. Hauta 10 minutit keskmisel kuumusel. Lisa sidrun ja õun ning hauta kaane all 10 minutit.

c) Lülitage kuumus välja ja eemaldage kaas. Lase 15 minutit jahtuda. Kurna kaste peene sõelaga. Purustage koostisosad, et võimalikult palju mahla välja saada, ja visake seejärel minema. Valage kaste eelnevalt steriliseeritud purki või pudelisse.

d) Laske enne purgi või pudeli sulgemist toatemperatuurini jahtuda.

e) Külmkapis säilib umbes 3 nädalat.

KOOSTISOSAD:

- 1,2 kg (2 naela 10 untsi) terve kana
- 2 spl suhkrut
- 2 spl ingverisiirupit
- 4 keskmist kartulit
- 2 porgandit
- 1 sibul
- 10 cm (4 tolli) porrulauk (valge osa)
- 100 g (3½ untsi) vürtsikat marinaadi
- 100 ml (vähe ½ tassi) sojakastet
- 400 ml (1½ tassi) vett
- 100 ml (nõrk ½ tassi) valget alkoholi (soju või džinn)

JUHISED:

a) Puhastage kana hästi, et eemaldada ülejäänud suled või udusuled. Eemaldage kääridega liigne rasv ja nahk ning visake pastori nina ära. Lõika läbi kael, et kana pikuti pooleks lõigata. Lõika ära tiivad, reied ja kintsupulgad. Lõika iga kanapool kaheks või kolmeks laiussuunas , jättes kanarind rümbatükkide külge.

b) Sega tükeldatud kana suhkru ja ingverisiirupiga. Lase 20 minutit puhata. Vahepeal koorige ja lõigake kartulid pooleks, porgandid 2 cm (¾ tolli) osadeks ja sibul neljandikku. Lõika porru 2 cm (¾ tolli) tükkideks.

c) Pärast 20 minutit puhkamist lisa kanale vürtsikas marinaad ja sojakaste. Sega, et kana kataks kastmega. Aseta kana kastrulisse , lisa kartul, porgand, sibul, vesi ja alkohol. Kuumuta keemiseni ja keeda kaane all kõrgel kuumusel 10 minutit, seejärel sega. Lülitage keskmisele kuumusele ja avage veidi kaas. Laske regulaarselt segades 30 minutit podiseda. Lisa porru ja hauta veel 10 minutit.

KOOSTISOSAD:

- 1 kg (2 naela 4 untsi) riidepuu praad (onglet)
- 2 liitrit (8 tassi) vett
- 100 ml (nõrk ½ tassi) valget alkoholi (soju või džinn)
- 3 rohelist porrulehte
- 1 sibul
- 20 suurt musta pipra tera
- 50 g (1¾ untsi) küüslauguküünt
- 10 g (¼ untsi) värsket ingverit
- 200 ml (rohke ¾ tassi) sojakaste
- 50 g (1¾ untsi) suhkrut

JUHISED:

a) Lõika liha umbes 15 cm (6 tolli) laiusteks osadeks. Leotage 1,5 tundi külmas vees, et veri väljuks, vahetades vett iga 30 minuti järel. Aja vesi potis keema. Kastke lihatükid vette ja keetke 5 minutit, seejärel kurnake ja peske voolava vee all, jälgides, et veri eemaldaks.

b) potti 2 liitrit (8 tassi) vett ja alkohol. Kinnitage porrulehed, terve sibul, pipraterad, küüslauk ja kooritud ingver puuvillasesse musliinikotti. Aseta kott potti ja kuumuta keemiseni. Lisa liha. Hauta 50 minutit keskmisel kuumusel, osaliselt kaetud.

c) Eemaldage musliinkott ja visake selle sisu ära. Tõsta liha ja puljong eraldi kõrvale. Laske puljongil jahtuda, kuni rasv pinnal tahkub, seejärel lase rasva eemaldamiseks läbi peene sõela. Tükeldage liha kätega lihaskiudude suunas, et saada umbes 5 mm (¼ tolli) paksused ribad.

d) Kuumuta 800 ml (3¼ tassi) puljongit, sojakastet, suhkrut ja liha potis keema. Küpseta 25 minutit keskmisel kuumusel. Valage liha ja mahl eelnevalt steriliseeritud anumasse purk . Lase jahtuda toatemperatuurini. See veiseliha säilib külmkapis 2 nädalat. Serveeri lisandina või täidisena, külmalt või veidi soojendatult.

88.Kurgi-sojakastme marinaadid/Oi Jangajji

KOOSTISOSAD:

- 5 või 6 beebikurki
- 1 peotäis jämedat meresoola
- 150 ml (rohke ½ tassi) sojakastet
- 150 ml (rohke ½ tassi) valget äädikat
- 300 ml (1¼ tassi) õlut
- 75 g (2½ untsi) suhkrut

JUHISED:

a) Hõõru kurgid jämeda meresoolaga. Loputage neid vee all ja kuivatage paberrätikuga.

b) Steriliseerige purk. Valage vesi kastrulisse ja asetage purk tagurpidi. Kuumuta kõrgel tulel ja keeda 5 minutit. Tõsta purk ahjukindadega üles ja pühi kuivaks, kui see on veidi jahtunud.

c) Valmista marinaad. Vala sojakaste, äädikas, õlu ja suhkur kastrulisse. Kuumuta keemiseni ja keeda ilma kaaneta kõrgel kuumusel 5 minutit.

d) Asetage kurgid steriliseeritud purki, pakkides need võimalikult tihedalt sisse. Vala vahukulbiga kuum marinaad otse kurkidele. Suru kurgid lusikaga veidi alla. Lase jahtuda toatemperatuurini. Sulgege purk ja hoidke külmkapis.

e) Need hapukurgid on söömiseks valmis pärast 1-nädalast puhkust ja säilivad vähemalt 3 kuud.

89.Kimchi Gimbap / Kimchi- Kimbap

KOOSTISOSAD:

- 200 g (7 untsi) hiina kapsa kimchi
- 3 tl suhkrut
- kurk
- 2½ teelusikatäit soola, lisaks veel maitsestamiseks
- 3 muna
- 1 tl küüslaugupulbrit
- 2 porgandit
- 5 surimi (krabi) pulka
- ½ supilusikatäit sojakastet
- 300 g (10½ untsi) keedetud valget riisi, soe
- 2 suurt merevetikalehte (nori)
- 2 viilu jala sink Seesamiõli
- Neutraalne taimeõli
- seesamiseemned

JUHISED:

a) Peske kimchi ja pigistage see mahla eemaldamiseks käte vahel, seejärel lõigake see väikesteks tükkideks. Segage seda 2 tl seesamiõli ja 1 tl suhkruga, kuni see on hästi segunenud. Lõika kurk tikutopsideks, sega ½ tl soolaga, sega korralikult läbi ja suru kätega liigne vesi välja.

b) Klopi lahti munad. Maitsesta 1 näpuotsatäie soola ja küüslaugupulbriga. Tehke kuumal õliga määritud pannil 2 väga õhukest omletti ja pange seejärel kõrvale. Lõika porgandid tikutopsideks. Prae porgandeid kuumal õliga määritud pannil segades 3 minutit ja maitsesta 1 näpuotsatäie soolaga, seejärel tõsta kõrvale. Rebi kätega surimipulgad ja prae segades 3 minutit kuumal õliga määritud pannil, lisades praadimise ajal 2 tl suhkrut ja sojakastet. Segage riis ½ supilusikatäie seesamiõli ja ülejäänud 2 teelusikatäie soolaga (A).

c) Esimese rulli moodustamiseks asetage 1 merevetikaleht bambusmatile (gimbal või makisu), kare pool ülespoole. Kata vetikad õhukese ühtlaselt jaotatud riisikihiga. Asetage 1 singiviil riisile, lõigake see nii, et see kataks lehe põhja. Aseta peale omlett , lõigates seda samamoodi. Aseta omleti keskele kõrvuti kurk, surimi, porgand ja kimchi.

d) Voldi lehe alumine osa matti (BC) abil koostisosade katmiseks kokku, vajuta kõvasti, et riis jääks merevetika välisküljele kinni.

e) Purustage merevetikalehe ülaservas paar riisitera, mis aitab kardaani (D) korralikult sulgeda. Korrake protsessi, kuni leht on täielikult rullitud . Pintselda kondiitripintsli abil rulli ülaosa seesamiõliga.

f) Lõika rull 1 cm (½ tolli) paksusteks osadeks (E). Korrake sama teise rulliga. Puista peale seesamiseemneid ja naudi (F).

Kääritatud ANŠOVIKAKASTE

90.Kimchi pannkoogid / Kimchijeon

KOOSTISOSAD:

- 500 g (1 nael 2 untsi) hiina kapsa kimchi
- 2 tl gochugaru tšilli pulber
- 2 spl fermenteeritud anšooviskaastet
- 650 g (1 nael 7 untsi) Korea pannkoogitainast
- Neutraalne taimeõli

JUHISED:

a) Lõika kimchi kääridega väikesteks tükkideks ja pane kaussi ilma mahla kurnamata. Lisa gochugaru tšillipulber ja fermenteeritud anšoovisakaste. Lisa pannkoogitainas ja sega korralikult läbi.

b) Määri pann ohtralt taimeõliga ja kuumuta kõrgel kuumusel. Laota panni põhja õhuke kiht kimchi taignat. Tõsta taigen spaatliga kohe panni põhjast, et see kinni ei jääks. Niipea, kui servad hakkavad pruunistuma ja pind kergelt hanguma, keerake pannkook ümber.

c) Küpseta kõrgel kuumusel teist poolt veel 4 minutit. Korrake iga pannkoogi puhul.

d) Naudi Korea pannkoogikastme või sibula-sojakastme hapukurgiga.

91.Veiseliha seente ja suvikõrvitsaga

KOOSTISOSAD:

- 150 g (5½ untsi) lühiteralist valget riisi
- 200 g (7 untsi) veisehakkliha
- ½ supilusikatäit fermenteeritud anšooviskaastet
- ½ supilusikatäit suhkrut
- ½ tl küüslaugupulbrit
- 1 tl valget alkoholi (soju või džinn)
- ½ sibulat
- 1 porgand
- 2 püogo seent (shiitake) või nööpeseent
- ½ suvikõrvitsat (suvikõrvits)
- 1,2 liitrit (5 tassi) vett
- Soola maitse järgi

JUHISED:
a) Peske riisi kolm korda. Leota vähemalt 45 minutit külmas vees.
b) Vahepeal patsutage veiseliha paberrätikuga, et eemaldada liigne veri. Sega veiseliha anšooviskastme, suhkru, küüslaugupulbri ja alkoholiga. Jäta 20 minutiks kõrvale.
c) Haki sibul, porgand, seened ja suvikõrvits.
d) Nõruta riis.
e) Kuumuta kastrul. Kui see on kuum, prae liha paar minutit, eraldades selle lusikaga kindlasti väikesteks tükkideks. Lisa riis ja 500 ml (2 tassi) vett. Kuumuta keemiseni. Vähendage kuumust keskmisele, segades regulaarselt 20 minutit. Lisa köögiviljad. Lisa ülejäänud vesi järk-järgult järgmise 30 minuti jooksul tasasel tulel, regulaarselt segades. Maitsesta soolaga.

92.Praetud suvikõrvits / Hobak-Namul

KOOSTISOSAD:

- 2 suvikõrvitsat (kabatšokk)
- ½ sibulat
- ½ porgandit
- 2 küüslauguküünt
- 2 supilusikatäit neutraalset taimeõli
- 2 tl fermenteeritud anšooviskaastet
- 1 tl seesamiõli
- ½ tl seesamiseemneid soola

JUHISED:

a) Lõika suvikõrvits pikuti pooleks ja seejärel 5 mm (¼ tolli) paksusteks poolkuudeks . Viiluta sibul õhukesteks ja lõika porgand tikutopsi. Purusta küüslauk.

b) Määri panni põhi taimeõliga ja prae küüslauku kõrgel kuumusel segades, kuni see lõhnab. Lisa sibul ja porgand. Prae segades, kuni sibul hakkab läbipaistvaks muutuma. Lisa suvikõrvits ja kääritatud anšoovisekaste. Prae segades 3–5 minutit. Suvikõrvits peaks jääma kergelt krõmpsuv. Maitse ja lisa maitse järgi soola.

c) Tõsta tulelt, lisa seesamiõli ja seesamiseemned. Sega pannil veel kuumalt õrnalt kokku. Naudi kuumalt või külmalt.

93.Hiina kapsas Kimchi/ Baechu -Kimchi

KOOSTISOSAD:

SOOLVEES

- 2 hiina kapsast, igaüks umbes 1,8 kg (4 naela).
- 350 g (12 untsi) jämedat meresoola
- 2 liitrit (8 tassi) vett

MARINAAD

- 300 ml (1¼ tassi) vett
- 15 g (½ untsi) riisijahu
- 100 g (3½ untsi) gochugaru tšilli pulber
- 10 g (¼ untsi) ingverit
- 1 väike sibul
- 1 pirn
- 70 g (2½ untsi) fermenteeritud anšooviskaastet
- 50 g (1¾ untsi) suhkrut
- 80 g (2¾ untsi) küüslauku, purustatud
- 1 hunnik talisibulat (sibulat)
- 400 g (14 untsi) valget redist (daikon)
- Meresool

JUHISED:

a) Lõika ja visake kapsa kõva ots õrnalt ära, tagades, et lehed jäävad kokku. Lõika hiina kapsas neljandikku. Selleks kasutage pikka, väga teravat nuga. Alustades aluselt, lõigake iga kapsas kaks kolmandikku tipust. Eraldage kaks osa käsitsi (A), rebides lehtede ülaosa. Tehke sama kahe poolega, et saada veerand kapsast. Lahjendage 200 g (7 untsi) jämedat meresoola

b) 2 liitrit (8 tassi) vett, soolvee valmistamiseks intensiivselt segades. Kastke iga kapsaveerand soolvees, tagades, et need on hästi niisutatud . Jaotage üks peotäis ülejäänud soola lehtede vahel iga kapsaveerandi tugeva põhjaosa ümber.

c) Asetage kapsaveerandid ülejäänud soolveega nõusse ja lehtede sisekülg ülespoole. Jätke 3–5 tunniks, kontrollides lehtede elastsust lõpus. Kui lehtede kõva põhi paindub kahe sõrme vahel murdumata, tehakse soolvees . Loputage kapsast kolm korda järjest, seejärel laske minimaalselt 1 tund nõrguda.

d) Valmistage riisijahusupp (B). Valage kastrulisse 300 ml (1¼ tassi) vett ja riisijahu. Segage ja laske regulaarselt segades keema tõusta, seejärel alandage kuumust, jätkates segamist umbes 10 minutit. Lase jahtuda, seejärel sega gochugaruga tšillipulber (C).

e) Püreesta ingver, sibul ja pool pirnist väikeses köögikombainis. Sega see segu riisijahusegu hulka. Lisa anšoovisekaste (D), suhkur, purustatud küüslauk ja talisibul, mis on lõigatud neljaks laiuseks ja kaheks pikuti. Lõika valge redis ja ülejäänud poolik pirn tikutopsideks ja lisa segule. Maitsestamist viimistle vastavalt vajadusele meresoolaga.

f) Pintselda iga kapsaveerand marinaadiga (E), ka lehtede vahelt. Asetage iga kapsaveerand õhukindlasse anumasse (F) välislehtedega allapoole. Täitke ainult 70% ulatuses. Kata kõik üksikud kapsalehed marinaadiga, kata kilega ja sulge tihedalt kaanega. Jätke 24 tunniks toatemperatuuril pimedas seisma ja seejärel hoidke külmkapis kuni 6 kuud.

94.Kurk Kimchi/Oi- Sobagi

KOOSTISOSAD:
SOOLVEES
- 15 väikest kurki (1,5 kg / 3 naela 5 untsi)
- 100 g (3½ untsi) jämedat meresoola, lisaks kurkide puhastamiseks
- 1 liiter (4 tassi) vett

MARINAAD
- 60 g (2¼ untsi) riisijahu

SUPPI
- 80 g (2¾ untsi) murulauku
- 2 kevadsibulat (sibulat)
- 50 g (1¾ untsi) küüslauguküünt
- 50 g (1¾ untsi) gochugaru tšillipulber _
- 50 g (1¾ untsi) fermenteeritud anšooviskaastet
- Meresool

JUHISED:
a) Valmistage beebikurgid ette: lõigake otstest 5 mm (¼ tolli) maha ja peske külma vee all, hõõrudes neid jämeda soolaga, et eemaldada nahalt mustus. Aseta suurde kaussi. Sega jäme meresool

b) 1 liiter (4 tassi) vett , kuni sool lahustub, seejärel valage kurkidele. Seisake 5–8 tundi, pöörates kurke iga 90 minuti järel ülalt alla. Kontrollimaks, kas soolvees on kastetud , voldi kurk õrnalt kokku. See peab olema elastne ja painduma ilma purunemata. Pese kurke kaks korda puhta veega ja patsuta kuivaks.

c) Valmista marinaad, asetades riisijahusupp kaussi. Pese ja lõika murulauk 1 cm (½ tolli) tükkideks. Lõika sibula sibulad tikutopsideks ja varred pikuti pooleks, seejärel 1 cm (½ tolli) tükkideks. Purusta küüslauk. Sega köögiviljad riisijahusupiga ning lisa gochugaru ja kääritatud anšoovisakaste. Maitsesta vajadusel meresoolaga .

d) Tükelda kurgid. Selleks asetage iga kurk lauale ja lõigake kaheks osaks, asetades noa ots otsast 1 cm (½ tolli) kaugusele ja tehes ettevaatlikult lõike. Kui noa tera puudutab tahvlit, haarake kurgist kinni, pöörake ja liigutage seda mööda tera üles, et see hästi eralduks. Tehke sama ka teisel küljel, nii et kurgid lõigatakse neljaks pulgaks, mis on endiselt aluse külge kinnitatud. Täida iga kurk 1 või 2 näputäie marinaadiga. Hõõru marinaad ka kurkide välisküljele.

e) Täida õhukindel anum 70% ulatuses kurkidega, asetades need kenasti tasaseks ja tehes mitu kihti. Katke kilega ja sulgege kaas tihedalt. Jätke 24 tunniks toatemperatuurile päikesevalguse eest kaitstult, seejärel hoidke külmkapis. Seda kimchit võib süüa värskelt või kääritada alates järgmisest päevast . Kurgid püsivad krõmpsuvad umbes 2 kuud.

95.Valge redis Kimchi/ Kkakdugi

KOOSTISOSAD:

SOOLVEES

- 1,5 kg (3 naela 5 untsi) kooritud valget redist (daikon), musta redist või naerist
- 40 g (1½ untsi) jämedat meresoola
- 50 g (1¾ untsi) suhkrut
- 250 ml (1 tass) gaseeritud vett

MARINAAD

- 60 g (2¼ untsi) gochugaru tšillipulber _
- 110 g (3¾ untsi) tavalist (universaal) jahusuppi
- ½ pirni
- ½ sibulat
- 50 g (1¾ untsi) fermenteeritud anšooviskaastet
- 60 g (2¼ untsi) küüslauguküünt
- 1 tl jahvatatud ingverit
- 5 cm (2 tolli) porrulauk (valge osa)
- ½ supilusikatäit meresoola 2 spl suhkrut

JUHISED:

a) Lõika redis 1,2 cm (½ tolli) paksusteks osadeks ja seejärel iga osa neljandikku. Pange need kaussi ja lisage jäme meresool, suhkur ja vahuvesi. Sega kätega korralikult läbi, et suhkur ja sool oleksid korralikult sisse hõõrutud. Seista umbes 4 tundi toatemperatuuril. Kui redisetükid muutuvad elastseks, on soolvesi valmis. Loputage redisetükid üks kord vees. Laske neil vähemalt 30 minutit nõrguda.

b) Marinaadi jaoks sega gochugaru külma tavalise jahusupi hulka (sama valmistamistehnika, mis riisijahusupi puhul, lk 90). Püreesta pirni-, sibula- ja kääritatud anšoovisekaste väikeses köögikombainis ning sega gochugaru tavalise jahuseguga. Purusta küüslauk ja sega koos jahvatatud ingveriga segusse. Lõika porru õhukesteks viiludeks ja sega segusse. Lõpeta maitsestamine meresoola ja suhkruga.

c) Sega redisetükid marinaadiga. Asetage õhukindlasse anumasse, täites selle 70% ulatuses. Katke kilega ja vajutage, et eemaldada võimalikult palju õhku. Sulgege kaas tihedalt. Jätke 24 tunniks toatemperatuuril pimedas seisma ja seejärel hoidke külmkapis kuni 6 kuud. Selle kimchi maitse on kõige parem, kui see on hästi kääritatud, mis on umbes 3 nädala pärast.

96.Murulauk Kimchi/Pa-Kimchi

KOOSTISOSAD:

SOOLVEES

- 400 g (14 untsi) küüslaugu murulauku
- 50 g (1¾ untsi) fermenteeritud anšooviskaastet

MARINAAD

- 40 g (1½ untsi) gochugaru tšillipulber _
- 30 g (1 unts) riisijahusuppi
- ¼ pirni
- ¼ sibulat
- 25 g (1 unts) küüslauguküünt
- 1 spl konserveeritud sidrunit
- ½ tl jahvatatud ingverit
- 1 spl suhkrut

JUHISED:

a) Pese murulauk hästi ja eemalda juured. Asetage murulauk, sibulad esiküljega allapoole, suurde kaussi. Valage anšoovisekaste murulaugule otse alumisele osale. Kõik varred peavad olema hästi niisutatud . Aita kastet kätega laiali ajada, siludes alt üles. Iga 10 minuti järel liigutage kastet samamoodi kausi põhjast varte ülaossa ja jätkake seda 30 minutit.

b) Sega tšillipulber riisijahusupi hulka. Püreesta pirn ja sibul väikeses köögikombainis kokku ning purusta küüslauk. Sega riisijahusupiga. Vala segu murulauku sisaldavasse kaussi. Lisa konserveeritud sidrun, jahvatatud ingver ja suhkur. Segage, kattes iga murulauku varre marinaadiga.

c) Asetage õhukindlasse anumasse, täites 70% täituvuse. Katke kilega ja vajutage, et eemaldada võimalikult palju õhku. Sulgege kaas tihedalt. Jätke 24 tundi pimedas toatemperatuuril ja seejärel hoidke külmkapis kuni 1 kuu.

97.Valge Kimchi

KOOSTISOSAD:
SOOLVEES
- 1 hiina kapsas, umbes 2 kg (4 naela 8 untsi)
- 200 g (7 untsi) jämedat meresoola
- 1 liiter (4 tassi) vett

MARINAAD
- ½ pirni
- ½ sibulat
- 50 g (1¾ untsi) küüslauguküünt
- 60 g (2¼ untsi) riisijahusuppi
- 600 ml (2 tassi) mineraalvett
- 2 spl fermenteeritud anšooviskaastet
- 3 spl ingverisiirupit
- 1 spl meresoola

TÄITMINE
- 200 g (7 untsi) valget redist (daikon), musta redist või naerist
- ½ pirni
- ½ porgandit
- ½ punast tšillit (valikuline) 5 küüslaugu murulauku 2 kuivatatud jujuubi
- 1 spl meresoola
- 1 spl suhkrut

JUHISED:
a) Lõika ja visake hiina kapsa kõva ots õrnalt ära, tagades, et lehed jäävad kokku. Lõika kapsas neljandikku. Selleks kasutage pikka, väga teravat nuga. Alustades aluselt, lõika kapsas kaks kolmandikku tipust.

b) Eraldage kaks osa käsitsi, rebides lehtede ülaosa. Tehke sama kahe poolega, et saada veerand kapsast. Lahjendage 100 g (3½ untsi) jämedat meresoola 1 liitris (4 tassi) vees, segades intensiivselt soolvee valmistamiseks.

c) Kastke iga kapsaveerand soolvees, veendudes, et need on hästi niisutatud . Jagage üks peotäis ülejäänud soola lehtede vahel iga kapsaveerandi tugeva põhjaosa ümber.

d) Asetage kapsaveerandid ülejäänud soolveega anumasse, lehtede sisekülg ülespoole.

e) Jätke 3–5 tunniks, kontrollides lehtede elastsust lõpus. Kui lehtede kõva põhi paindub kahe sõrme vahel murdumata, tehakse soolvees . Loputage kapsast kolm korda järjest, seejärel laske vähemalt 1 tund nõrguda.

f) Marinaadi jaoks püreesta pirn, sibul ja küüslauk väikeses köögikombainis. Valage segatud segu ja riisijahusupp läbi peene sõela, mis on seatud kausi kohale, vajutades vahukulbiga, lisades samal ajal mahla eraldamiseks mineraalvett. Kui sõela jäävad ainult kiud , visake need ära. Kui vett jääb järele, lisa see kurnatud mahlale. Maitsesta kääritatud anšooviskastme, ingverisiirupi ja meresoolaga.

g) Täidise jaoks lõika tikutopsideks redis, pirn, porgand ja punane tšilli . Lõika murulauk 5 cm (2 tolli) tükkideks. Eemaldage jujuubi keskne seeme ja lõigake tikutopsi. Sega kõik koostisosad meresoola ja suhkruga.

h) Pange iga kapsalehe vahele 2 või 3 näpuotsaga täidist ja mähkige iga kapsaveerand viimase välimise lehe külge, et täidis sees püsiks. Asetage kapsad õhukindlasse anumasse, lehtede sisemus ülespoole, ja katke marinaadiga, jälgides, et see ei oleks üle 80% täis. Sulgege kaas tihedalt.

i) Jätke 24 tunniks toatemperatuuril pimedas seisma ja seejärel hoidke külmkapis kuni 6 kuud. Saate seda kimchit süüa 2 nädala pärast.

98.Sealiha ja Kimchi Sega-Fry/Kimchi- Jeyuk

KOOSTISOSAD:

- 600 g (1 nael 5 untsi) kondita sea abatükk
- 3 supilusikatäit suhkrut
- 350 g (12 untsi) hiina kapsa kimchi
- 10 cm (4 tolli) porrulauk (valge osa)
- 50 ml (nõrk ¼ tassi) valget alkoholi (soju või džinn)
- 40 g (1½ untsi) vürtsikas

MARINAAD

- 1 spl fermenteeritud anšoovisakastet

TOFU

- 200 g (7 untsi) tahket tofut
- 3 supilusikatäit neutraalset taimeõli
- soola

JUHISED:

a) Lõika sealiha väga terava noaga õhukesteks viiludeks. Enne viilutamist võib seda külmutada 4 tundi. Marineeri sealihaviile suhkrus 20 minutit. Lõika kapsas 2 cm (¾ tolli) laiusteks ribadeks. Lõika porru diagonaalselt 1 cm (½ tolli) paksusteks osadeks. Sega sealihaga kimchi, valge alkohol ja vürtsikas marinaad.

b) Kuumuta pann kõrgel kuumusel ja prae segades sealiha ja kimchi segu 30 minutit. Lisa keetmise ajal veidi vett, kui segu tundub liiga kuiv. Lisa porru ja prae segades veel 10 minutit. Maitsesta kääritatud anšooviskastmega.

c) Vahepeal lõigake tofu 1,5 cm (⅝ tolli) ristkülikuteks. Kuumuta taimeõliga kaetud pann. Prae keskmisel kuumusel, kuni kõik küljed on kaunilt kuldsed. Keera tofutükke spaatli ja lusikaga, et mitte katki minna. Maitsesta küpsetamise ajal kumbki pool soolaga. Pärast keetmist lase toful paberrätikul jahtuda.

d) Aseta tofu ristkülikule tükk kimchit ja sealiha ning söö koos.

99.Kimchi hautis/Kimchi- Jjigae

KOOSTISOSAD:

- 500 g (1 nael 2 untsi) hiina kapsa kimchi
- 300 g (10½ untsi) kondita sea abatükk
- 1 sibul
- 1 kevadsibul (sibul)
- 2 küüslauguküünt
- 200 g (7 untsi) tahket tofut
- 1 spl suhkrut
- 2 spl fermenteeritud anšooviskaastet
- 500 ml (2 tassi) vett

JUHISED:

a) Lõika kimchi 2 cm (¾ tolli) laiusteks ribadeks. Lõika sea abatükk hammustuse suurusteks tükkideks. Tükelda sibul. Lõika sibula sibul neljandikku ja lisa sibulale. Lõika sibula vars diagonaalselt ja tõsta kõrvale. Purusta küüslauk. Lõika kõva tofu 1 cm (½ tolli) paksusteks ristkülikuteks.

b) Kuumuta potti kõrgel kuumusel ilma õlita. Kui kuum, lisa kimchi ja puista üle suhkruga. Tõsta peale sealiha ja piserda ühtlaselt üle anšoovisakastmega. Lisa purustatud küüslauk. Prae paar minutit, kuni sealiha on kuldne ja kimchi hakkab muutuma poolläbipaistvaks. Lisa vesi ja tükeldatud sibul ning sega.

c) Lase keskmisel kuumusel kaaneta 20 minutit podiseda. Viis minutit enne keetmise lõppu maitse puljongit ja lisa vajadusel veel kääritatud anšoovisakastet. Lisa tofu ja talisibula vars. Serveeri kuumalt.

100.Hiina kapsa salat Kimchi kastmega/ Baechu-Geotjeori

KOOSTISOSAD:

- 600 g (1 nael 5 untsi) hiina kapsast
- 50 g (1¾ untsi) jämedat meresoola
- 1 liiter (4 tassi) vett
- 4 küüslaugu murulauku (või 2 talisibula/sibula vart, ilma sibulata)
- 1 porgand
- 1 supilusikatäis suhkrut 50 g (1¾ untsi) vürtsikas

MARINAAD

- 2 spl fermenteeritud anšooviskaastet
- ½ supilusikatäit seesamiseemneid
- Meresool

JUHISED:

a) Lõika hiina kapsas suurteks tükkideks. Lahustage sool vees ja kastke kapsas. Lase 1½ tundi puhata.

b) Lõika murulauk 5 cm (2 tolli) tükkideks. Riivi porgand.

c) Nõruta kapsas. Loputage seda kolm korda järjest, seejärel laske 30 minutit nõrguda. Sega see suhkru, vürtsika marinaadi, fermenteeritud anšooviskastme, porgandi ja murulauguga. Reguleerige maitsestamist meresoolaga. Puista üle seesamiseemnetega.

KOKKUVÕTE

Lõpetades oma teekonna läbi Korea toiduvalmistamise hinge, ei avasta me end mitte ainult retseptikogumitest, vaid ka sügavamalt hindamast igasse rooga põimitud kultuuripärandit. "Jang: Korea köögi hing" kutsub meid nautima Jangi ajatut olemust ja selle rolli Korea köögi elava mosaiigi kujundamisel.

Kui jätame hüvasti nende kulinaarse inspiratsiooniga täidetud lehtedega, jäägu maitsed meie maitsele ja Jangi kunstilisus inspireerib jätkuvalt nii kogenud kokkasid kui ka kodukokkasid. Olgu see uurimine meeldetuletuseks, et iga roa taga peitub lugu ja iga suutäie sees saame maitsta kultuuri hinge – kultuuri, mis on kaunilt kapseldunud Korea köögi rikkalikku ja maitsekasse maailma.

Milton Keynes UK
Ingram Content Group UK Ltd.
UKHW020740010424
440421UK00014B/909